Deutsch-französische Übersetzungsübungen für das Grundstudium

Catherine Rampf

Deutsch-französische Übersetzungsübungen für das Grundstudium

gottfried egert verlag
2010

Deutsch-französische Übersetzungsübungen für das Grundstudium

von
Catherine Rampf, Ancienne élève de l'Ecole Normale Supérieure,
Professeur agrégée d'Allemand in Hégenheim

Bibliografische Information Der Deutschen Bibliothek
Die Deutsche Bibliothek verzeichnet diese Publikation in der Deutschen
Nationalbibliografie; detaillierte bibliografische Daten sind im Internet
über <http://dnb.ddb.de> abrufbar.

ISBN 978-3-936496-18-5   2., unveränderte Auflage 2010
(ISBN 978-3-936496-18-5   Erstausgabe) 2008

© gottfried egert verlag, Postfach 1180, D-69259 Wilhelmsfeld, 2010
www.egertverlag.de
Gedruckt auf Recyclingpapier aus 100% Altpapier
Alle Rechte vorbehalten
Herstellung: Sonnendruck GmbH, Wiesloch
Printed in Germany

Vorwort

Das vorliegende Arbeitsbuch wendet sich in erster Linie an Studierende der französischen Sprache, die sich auf die nicht fachsprachlich gebundene Übersetzung eines deutschen Textes ins Französische vorbereiten wollen. Mithilfe dieses Werkes können Lernende die Techniken und Hilfsmittel des Übersetzens anwenden und einüben, die sie in der sprachlichen Grundausbildung erworben haben. Durch die Auswahl stilistisch wie inhaltlich leichter bis mittelschwerer Texte aus verschiedenen Themenbereichen wird ihnen der Umgang mit den syntaktischen und lexikalischen Schwierigkeiten der deutsch-französischen Übersetzung vermittelt.

Das Buch berücksichtigt die vielfältigen Erfahrungen, die ich im Laufe meiner mehr als siebenjährigen Lehrtätigkeit im bilingualen Schuldienst und als Universitäts-Lektorin in der sprachpraktischen Ausbildung für angehende Französischlehrer gesammelt habe.

Das Arbeitsbuch enthält 15 Beispieltexte, die gezielt so ausgewählt wurden, dass eine Vielzahl sprachlicher Problemstellungen behandelt wird. Die Texte sind in Umfang und Stil sehr vielfältig und alle geeignet, als Prüfungsaufgaben gestellt zu werden.

Alle Kapitel sind nach dem gleichen Schema aufgebaut:

- Zu jedem Text gehört eine Musterübersetzung, gefolgt von einer Aufzählung von Übersetzungsvarianten, die der Vielzahl gültiger Möglichkeiten Rechnung trägt.
- Anschließend wird der jeweilige Text in französischer Sprache eingeführt und bezüglich seiner spezifischen Merkmale und Schwierigkeiten eingestuft.
- Ferner werden dem Leser die sprachlichen Besonderheiten, die zur Auswahl des Textes beigetragen haben, in übersichtlicher Form aufgelistet.
- Die Anmerkungen geben im Folgenden die Begründung, warum die eine Ausdrucksweise gewählt wurde und nicht die andere. Dabei wird vor Grammatik- und Stilfehlern gewarnt, die erfahrungsgemäß immer wiederkehren.

Ein nach Stichwörtern geordnetes Register erleichtert das Finden von grammatischen Termini wie Zeitenfolge, Hypothese, Hervorhebung, *subjonctif* usw.

Die angegebenen Verweise beziehen sich hauptsächlich auf die im selben Verlag erschienene *Praktische Grammatik der französischen Sprache* von Wolfgang Reumuth und Otto Winkelmann. Das Buch kann zur systematischen Klausurvorbereitung anhand früherer Examens- und Kontrollaufgaben dienen. Dies vermittelt Sicherheit in der Prüfung und macht deutlich, wo im Vorfeld der Klausur Lücken geschlossen werden müssen. Es lässt sich ebenso für Unterrichtszwecke nutzen – zum Beispiel als Grundlage für eine systematische Einführung in die deutsch-französische Übersetzung. Es eignet sich ebenso zum systematischen Selbststudium oder als Nachschlagewerk bei punktuellen Übersetzungsschwierigkeiten.

Für ihre Hilfe und Anregungen danke ich den Studierenden des Instituts für Romanistik der Universität zu Köln. Mein herzlicher Dank gilt insbesondere meinem Mann, Florian Rampf, der mich in meiner Arbeit immer unterstützt hat. Für die Durchsicht des Werkes danke ich Herrn Prof. Dr. Otto Winkelmann (Justus-Liebig-Universität Gießen).

Hégenheim, im Februar 2008   Catherine Rampf

Inhaltsverzeichnis

Text Nr. 1

Le narrateur est un jeune garçon des Balkans,
dont toute la famille a été massacrée.

Sachen im Kopf

Mein Vater wurde umgebracht. Es war ein Tag im
Winter und Weihnachten stand bevor. Ich weiß noch,
dass ich an Weihnachten dachte und auf die Heimkehr
des Vaters wartete. Er hat nie viel geredet, aber durch

5   seine Anwesenheit fühlte ich mich größer.
Ich war sechs, damals.
Ich bin nicht dabei gewesen, als Vater starb. Ich habe
es durch Freunde erfahren, die mir erzählten, dass es
schnell passiert sein musste. Er wurde auf dem Platz ge-

10 hängt.
Am Tag, als mein Vater umgebracht wurde, fing meine Mutter an zu weinen. Sie hörte damit nicht mehr auf
bis zu dem Tag, an dem sie getötet wurde.
Nach einigen Wochen hatte ich mich daran gewöhnt.

15 Es war auch nicht ein Weinen, das mit Geräuschen verbunden ist. Es lief einfach immer etwas aus ihren Augen,
und sie hat mich nicht mehr angesehen seit dem Tag.
Vermutlich, weil ihre Augen immer trüb waren vom Weinen. Sie hat mich nicht mehr gesehen. Ich habe mich

20 damit eingerichtet. Es war dann normal geworden, eine
Mutter zu haben, die immer weinte und mich nicht sah.
Andere hatten schlimmere Eltern.

Nach Sibylle BERG, *Das Unerfreuliche zuerst.*
Herrengeschichten[1] (2001)

[1]Le livre a été traduit par *La mauvaise nouvelle d'abord.*
Des Histoires d'hommes

1

Des choses dans la tête

Mon père a été assassiné[1]. C'était un jour d'hiver, et Noël était (tout) proche[2]. Je me souviens encore que je pensais à Noël et attendais que mon père revienne[3]. Il ne parlait jamais beaucoup[4], mais grâce à[5] sa présence, je
5   me sentais plus grand.
     J'avais six ans, à cette époque[6]. Je n'étais pas présent quand mon père est mort. Je l'ai appris[7] par des amis qui m'ont raconté que cela avait dû vite se passer[8]. On l'a pendu[9] sur la grande place.
10   Le jour où mon père a été assassiné, ma mère s'est mise à pleurer. Et elle n'a plus cessé de pleurer jusqu'au jour où on l'a tuée.
     Au bout de quelques semaines, je m'y étais habitué[10]. D'ailleurs[11], ce n'était pas une de ces façons de pleurer
15   qui sont associées à des bruits. Simplement, il y avait toujours quelque chose qui coulait de ses yeux, et elle ne m'a plus regardé depuis ce jour-là. Probablement[12] parce qu'elle avait toujours la vue trouble à force de pleurer. Elle ne me voyait plus. J'ai fait avec. C'était (alors) deve-
20   nu normal d'avoir une mère qui pleurait tout le temps et qui ne me voyait pas. D'autres avaient des parents bien pires.

D'après Sibylle BERG, *La mauvaise nouvelle d'abord.*
Des histoires d'hommes (2001)

Varianten

[1] On a assassiné mon père. / Mon père s'est fait assassiner.
[2] on était à la veille de Noël
[3] et attendais le retour de mon père
[4] Il n'a jamais beaucoup parlé
[5] par
[6] à l'époque / à cette époque-là
[7] Je l'ai su
[8] cela avait dû arriver rapidement
[9] Il a été pendu
[10] je m'y étais fait
[11] Effectivement
[12] Vraisemblablement

Anmerkungen

Il n'y a guère de problèmes de traduction dans ce texte de Sibylle Berg, qui frappe d'abord par la grande simplicité tant du vocabulaire que de la syntaxe.

Seule la transposition des temps risque de poser des problèmes, car l'expression du passé en allemand ne fait pas la différence entre l'événement et le déroulement. Il faut donc distinguer entre l'expression d'une action située dans le passé et l'accompli, résultat actuel d'une action passée. Celui-ci est rendu par le seul passé composé français, tandis que l'action située dans le passé est rendue en français par l'imparfait et le passé simple (qui est en outre souvent remplacé par le passé composé), traduits en allemand par le prétérit et, dans une moindre mesure, par le *Perfekt*. Celui-ci est de plus utilisé, comme le passé composé français, pour énoncer des vérités générales. Dans les régions situées au sud d'une ligne allant du Luxembourg au sud-est de la Silésie, il remplace, surtout à l'oral, le prétérit qui n'est guère employé que pour quelques verbes.

Le narrateur évoque ainsi la perte de ses parents avec un effort constant d'objectivation et de mise à distance par l'écriture, ce que traduisent aussi les adverbes et particules illocutoires (*Abtönungspartikeln*).

Abtönungspartikeln: auch (Z. 15), einfach (Z. 16), dann (Z. 20).

Pronominaladverbien: damit (Z. 12, 20), daran (Z. 14).

3

Sachen: Zur Bezeichnung einer unbestimmten Menge zählbarer Dinge im Plural ist im Französischen der unbestimmte Artikel notwendig: *des choses* (RW § 35.1).
Für "Sachen" im Sinne von "Dinge, Angelegenheiten" ist die wörtliche Übersetzung (*choses*) am besten. Das Wort *affaires* hingegen wird entweder als "Geschäfte" oder "Klamotten" aufgefasst und passt nicht zum Kontext.

Im Kopf: Die Präposition "in" kann mit *dans* oder *en* übersetzt werden, weil die Redewendungen *choses dans la tête* und *choses en tête* gleichbedeutend sind. *De tête* ist auch eine geläufige Redewendung, die zwar "im Kopf" heißt, aber immer in Verbindung mit *calculer* (Kopfrechnen) oder *jouer* (aus dem Gedächtnis spielen) steht.

(1) Mein Vater wurde umgebracht: Dieses Präteritum bezeichnet eine vollendete Handlung, die aber ohne Zeit- und Ortsangabe steht und folglich als Rahmeninformation dient (KK § 384). Es wird mit *passé composé* wiedergegeben, weil dieses Tempus bei vergangenen Tatsachen steht, die für die Gegenwart noch von Bedeutung sind.
In diesem passivischen Satz wird der Handelnde nicht genannt, so dass "umgebracht wurde" im Französischen durch eine aktive Konstruktion mit unpersönlichem *on* als Subjekt ersetzt wird (RW § 231): *on a assassiné / tué mon père.* Neben dieser normalen Passivkonstruktion kann auch das Verb *se faire* als passivisches Hilfsverb eingesetzt werden (RW § 230.1): *mon père s'est fait assassiner / tuer.*

(2) Es war ein Tag im Winter: Das Demonstrativpronomen *ce* wird hier als neutrales Subjekt vor *être* + Substantiv gebraucht (RW § 54.1). Nur in der Redewendung *il était une fois* ("es war einmal") ist das Pronomen *il* üblich.
"Tag" wird mit *jour* übersetzt, da *jour* den Tag als ganzen bezeichnet und als Gegensatz zu *nuit* aufgefasst wird. *Journée* hingegen beschreibt eher das zeitliche Andauern, d.h. den Tagesablauf von Sonnenaufgang bis Sonnenuntergang.
Un jour d'hiver ist die gebräuchliche Ausdrucksweise. Ebenso möglich sind *un jour hivernal* oder die wörtliche Übersetzung *un jour en hiver.*

(2) Weihnachten: Wie alle Feste und Feiertage wird *Noël* groß geschrieben (RW § 12). Obwohl Kirchenfeste immer mit dem weiblichen Artikel stehen, entfällt der Artikel vor *Noel* und *Pâques* (RW § 41.5).

4

(2) stand bevor: Das Verb "bevorstehen" kann hier mit *être imminent* übersetzt werden, was allerdings bedeuten würde, dass Weihnachten für den Ich-Erzähler einen bedrohlichen Charakter annimmt, oder mit der neutralen Wendung *être (tout) proche*. Möglich ist auch: *on était peu avant Noël.*

(2) Ich weiß noch: Dieses Präsens verweist auf den Schreibmoment und kennzeichnet das Geschehen als Erinnerung, welche durch die vorgeschlagene Wendung *je me souviens encore* erschöpfend wiedergegeben wird. Die wörtliche Übersetzung *je sais encore* ist hingegen nicht ausreichend.

(3-4) auf die Heimkehr des Vaters wartete: Im ersten Satz wurde schon "mein Vater" erwähnt, so dass die Übersetzung von "des Vaters" mit *du père* falsch ist, da sie zu allgemein ist. Das Possessivpronomen wird im Französischen nicht nur zur Bezeichnung eines direkten Besitzverhältnisses, sondern auch zum Ausdruck einer engen Beziehung gebraucht.

Hier kann man zwischen einer nominalen Ausdrucksweise (*attendais le retour de mon père*) und einer Verbalgruppe mit *subjonctif* (*attendais que mon père revienne*) wählen, wobei die Anwendung der Nominalgruppe den Satzbau wesentlich vereinfacht.

Nach dem Verb *attendre* steht im *que*-Satz der Konjunktiv (RW § 210.1). Auf ein Tempus der Vergangenheit im Hauptsatz folgt nur in der gehobenen Schriftsprache der *subjonctif imparfait* im Nebensatz (RW § 218.2). In der modernen Alltagssprache wird jedoch ausschließlich der *subjonctif présent* verwendet.

Das Verb *retourner* wird immer in Verbindung mit einer Ortsangabe gebraucht: *retourner chez soi, à la maison, à l'école, au travail...* Hier ist *revenir* allgemeiner als *retourner* und daher passender.

(4) Er hat nie viel geredet: Hier wird das deutsche Perfekt im Französischen mit einem *passé composé* wiedergegeben, weil in beiden Sprachen diese Zeitformen eine Aussage bezeichnen, die bis zum Sprechzeitpunkt Gültigkeit besitzt (RW § 198.1).

In den zusammengesetzten Zeiten umschließen die Verneinungselemente *ne* und *jamais* das Hilfsverb (RW § 313.2), während das Adverb *beaucoup* meist direkt vor dem Partizip Perfekt steht (RW § 305.4): *il n'a jamais **beaucoup** parlé.*

(5) fühlte: Das Präteritum wird hier mit einem Imperfekt wiedergegeben, weil es zur Verdeutlichung von Wiederholungen in der Vergangenheit verwendet wird (RW § 196.2).

(6) Ich war sechs, damals: Das Französische erfordert *ans* nach der Altersangabe. Die Übersetzung mit *j'eus six ans* ist falsch, weil *avoir* zu den Verben gehört, bei denen die Formen des Imperfekts und des *passé simple* zwei verschiedenen deutschen Verben entsprechen, etwa hier *j'avais six ans* ("ich war sechs") und *j'eus six ans* ("ich wurde sechs") (RW § 200.4).

Das Adverb "damals" wird nicht mit *autrefois* ("früher"), sondern mit *à l'époque, à cette époque(-là)* oder *alors* übersetzt. Als Adverb der bestimmten Zeit kann es voran- oder nachgestellt werden. Hier gehört es aber ans Satzende, damit der Satzrhythmus des deutschen Satzes im Französischen beibehalten wird.

(7) Ich bin nicht dabei gewesen, als Vater starb: In den Dialekten des süddeutschen Raums ist das Perfekt die dominierende Erzählform der Vergangenheit. Zur Übersetzung muss man hier davon ausgehen, dass in der Standardsprache das Präteritum ("ich war nicht dabei") verwendet würde. Man lasse sich bei der Analyse des Geschehens nicht beirren: Begleitumstand ist die Abwesenheit des Ich-Erzählers und wird deshalb im *imparfait* beschrieben, Ereignis ist der Tod des Vaters, der mit *passé simple* oder *passé composé* wiedergegeben wird.

Die Wendung "dabei sein" wird hier mit *être présent* übersetzt. Andere Übersetzungen wie *être partant* ("mitmachen") oder *être de la partie* ("mit von der Partie sein" oder "vom Fach sein") sind nicht angebracht.

(7-8) Ich habe es ... erfahren: Das Perfekt beschreibt hier ein abgeschlossenes Geschehen, eine gegebene Tatsache und wird deshalb mit dem *passé composé* wiedergegeben.

Die gängigsten Übersetzungen für das Verb "etwas erfahren" sind *apprendre qc* (*je l'ai appris*) und *savoir qc* (*je l'ai su*). Es ist zu beachten, dass die beiden Vorgangenheitsformen von *savoir* verschiedene Bedeutungen haben: *je savais* heißt nämlich "ich wusste" und nicht "ich erfuhr" (*je sus*) (RW § 200.4). Möglich ist auch die passivische Konstruktion *j'en ai été informé*.

(8) durch Freunde: Im Deutschen gibt es einen leichten Bedeutungsunterschied zwischen "von" (eigentlichem Urheber) und "durch" (Vermittler), der aber oft nicht eindeutig festzustellen ist. Im Französischen dagegen wird das Subjekt des Satzes (der Handelnde im Aktiv) meist mit der Präposition *par* und selten mit *de* angeschlossen (RW § 226).

(8) die mir erzählten: Das Präteritum bezeichnet hier eine abgeschlossene Handlung, die im Französischen mit *passé composé* wiedergegeben wird, weil die Ereignisse (das Informieren und das Erzählen) die eigentliche Handlungskette der Erzählung bilden und in zeitlicher Abfolge miteinander verknüpft sind (KK § 386).

(8-9) dass es schnell passiert sein musste: Das Modalverb "müssen" als Ausdruck einer Vermutung wird mit dem französischen Modalverb *devoir* übersetzt (RW § 264.6). Für die Wiedergabe der Verbform "passiert sein" kann man entweder eine Reflexivkonstruktion mit passivischem Sinn (*se passer*) oder das Verb *arriver* verwenden (RW § 229).

Hier muss eine bestimmte Regel der Zeitenfolge beachtet werden: Steht das einleitende Verb im *passé composé* (*ont raconté*), dann wird das *passé composé* der direkten Rede (*cela a dû se passer*) in der indirekten Rede zum Plusquamperfekt (RW § 370.2): *cela avait dû se passer.*

Das Adverb *rapidement* ("schnell") kann wie alle Adverbien auf *-ment* vor oder nach dem Infinitiv stehen (RW § 305.2). Das Adverb *vite* wird hingegen meist nachgestellt (Confais § 398).

(9-10) Er wurde auf dem Platz gehängt: Zur Wiedergabe des Präteritums durch das *passé composé* siehe Anmerkung (1).

Die wörtliche Übersetzung *sur la place* wird dem deutschen Text nicht gerecht. Man bevorzugt im Französischen die redensartliche Wendung *sur la grande place*. Der Ausdruck *sur la place publique* ist weniger gut, weil er trotz des Zusammenhangs im Sinne von "in aller Öffentlichkeit" missverstanden werden kann.

(11) Am Tag, als: Die Konjunktion "als" wird im Französischen nicht mit Konjunktionen wie *quand* oder *lorsque*, sondern durch das Relativadverb *où* in temporaler Funktion übersetzt (RW § 152.2): *le jour où.* Das Relativadverb *que* wird in zeitlicher Bedeutung nur noch in festen Wendungen gebraucht: *chaque fois que, la première fois que, un jour que ...*

Dieser Nebensatz wird durch ein Komma vom Hauptsatz getrennt, weil er am Satzanfang steht (RW § 13.2).

(11-12) fing meine Mutter an zu weinen: Zur Wiedergabe des Präteritums durch das *passé composé* siehe Anmerkung (1).

Nach dem Verb *commencer* wird der Infinitiv mit *de* oder *à* angeschlossen (RW § 258.1). Die beiden Präpositionen sind hier gleichwertig. Für Gefühlsausbrüche (weinen, zittern, heulen) ist allerdings das Verb *se mettre à* passender.

(12-13) Sie hörte damit nicht mehr auf: Zur Wiedergabe des Präteritums durch das *passé composé* siehe Anmerkung (1).

Das Verb "aufhören" kann mit *arrêter* oder *s'arrêter* übersetzt werden (RW § 277.2). Eine elegantere Lösung wäre die Verwendung des Verbs *cesser*.

Das Pronominaladverb "damit" steht für das Verb "weinen", das im Französischen entweder ausgelassen (*elle n'a plus arrêté / cessé*) oder wiederholt wird (*elle n'a plus arrêté / cessé de pleurer*). Eine Konstruktion mit *en* ist falsch.

(13) bis zu dem Tag, an dem: Der konjunktionale Ausdruck *jusqu'au jour où* leitet einen Nebensatz ein, der zeitlich mit dem Hauptsatz gleichgestellt ist und im Indikativ steht (RW § 343).

(14) Nach einigen Wochen: Nicht *après quelques semaines*, weil die vorangestellte Präposition *après* nur eine zeitliche Reihenfolge bezeichnet. Mit *au bout de* + Nominalgruppe dagegen gibt man, von der Vergangenheit aus gesehen, das Ende eines Zeitraumes an (RW §§ 100.4, 324). Möglich sind auch *quelques semaines plus tard* und *quelques semaines après*.

Diese adverbiale Bestimmung wird durch ein Komma vom Satz getrennt, weil sie am Satzanfang steht (RW § 13.2).

(14) hatte ich mich daran gewöhnt: Das Verb "sich (an etwas) gewöhnen" kann mit *s'habituer* oder *s'accoutumer* übersetzt werden. Diese beiden Verben können ein ihnen zugeordnetes Objekt nur als indirektes Objekt mit der Präposition *à* anschließen. Die Übersetzung mit *j'en avais l'habitude* ist hier nicht zutreffend, weil es zurückübersetzt "ich war es gewohnt, ich war daran gewöhnt" bedeutet.

Das Pronominaladverb "daran" ersetzt eine mit *à* eingeleitete Sachergänzung und wird deshalb mit *y* wiedergegeben (RW § 135.2).

(15) Es war auch nicht ein Weinen: "Es war nicht" wird nicht mit *il n'était pas*, sondern mit *ce n'était pas* übersetzt, weil das Demonstrativpronomen *ce* vor *être* steht, auf das ein Substantiv folgt (RW § 54). Eine Übersetzung mit *il ne s'agissait pas de* ist möglich.

Das Französische substantiviert Verben wesentlich seltener als das Deutsche, so dass die wörtliche Übersetzung *un pleurer* nicht idiomatisch ist. Den Ausdruck "ein Weinen" kann man aber durch eine Nominalgruppe mit einem Demonstrativpronomen wiedergeben, das affektisch gebraucht wird (RW § 48.6): *un de ces pleurs* oder *une de ces façons de pleurer.*

Die Abtönungspartikel "auch" wirkt verstärkend; kann durch "nämlich" ersetzt werden und wird deshalb mit *d'ailleurs* oder *effectivement* übersetzt.

(15-16) das mit Geräuschen verbunden ist: In beiden Sprachen steht das Verb dieses Relativsatzes im Präsens, weil diese Zeit in allgemeingültigen Aussagen verwendet wird (RW § 194).

Das Partizip "verbunden" kann mit *associé, lié* oder *relié* übersetzt werden, die alle mit der Präposition *à* (und nicht mit der Präposition *avec*) verwendet werden (RW § 325.11). Der Ausdruck *lié avec* ist zwar ebenfalls gebräuchlich, bezieht sich aber auf enge Beziehungen zwischen Menschen.

Eine aktivische Konstruktion mit unpersönlichem *on* (*que l'on associe / lie / relie à*) wäre auch möglich. Man beachte, dass in der gewählten Sprache nach *et, où, ou, que* und *si* die Form *l'on* verwendet wird (RW § 96).

(16) einfach: Das Adverb *simplement* muss hier vorangestellt werden und mit einem Komma vom Rest des Satzes getrennt werden, weil es nicht die Bedeutung des Verbs präzisiert, sondern die Distanz des Erzählers zum Geschehen zum Ausdruck bringt.

(16) Es lief ... immer etwas aus ihren Augen: Die Verben *couler* und *s'écouler* sind in diesem Kontext nicht austauschbar: Während *s'écouler* eine Flüssigkeit bezeichnet, die aus einer nicht dafür vorgesehenen Öffnung eines Behälters fließt, passt *couler* zu Tränen, Schweiß, Wasser oder Bier.

Die unpersönliche Konstruktion ist ins Französische wörtlich übertragbar (RW § 127.3): *il coulait toujours quelque chose de ses yeux.*

(17) Sie hat mich nicht mehr angesehen: Die Negation "nicht mehr" weist darauf hin, dass die Handlung – seit damals und bis in die Gegenwart – vollendet ist. Aus diesem Grund wird das deutsche Perfekt durch das *passé composé* wiedergegeben.

(17) seit dem Tag: Der bestimmte Artikel im Deutschen wird ins Französische nicht wörtlich übertragen. Er hat vielmehr demonstrativen Wert und wird zu einem Demonstrativadjektiv (RW § 49): *depuis ce jour-là.*

(18-19) weil ihre Augen immer trüb waren vom Weinen: Das Adjektiv "trüb" wird nicht mit *troublé* (verwirrt), sondern mit *trouble* übersetzt, das sich im Französischen sowohl auf die Augen (*avoir les yeux troubles*), als auch auf den Blick (*avoir le regard trouble*) und das Sehvermögen (*ma vue est trouble*) beziehen kann.

Die Ursache "vom Weinen" wird im Französischen mit einem Infinitivsatz (*à force de pleurer / d'avoir pleuré*) wiedergegeben, der zur Verkürzung eines Modalsatzes (*tellement / tant elle avait pleuré*) dient (RW § 262.5).

(19) Sie hat mich nicht mehr gesehen: Das deutsche Perfekt wird diesmal nicht mit dem *passé composé*, sondern mit dem Imperfekt wiedergegeben. In diesem Satz geht es nicht mehr darum, ob die Mutter ihren Sohn ansehen will oder nicht, sondern dass sie nicht mehr fähig ist, ihn zu sehen.

(19-20) Ich habe mich damit eingerichtet: Das Verb "sich einrichten" wird nicht in seinem eigentlichen Sinne von "sich möblieren" *(se meubler / s'installer)* verstanden, sondern umgangssprachlich gebraucht. Übersetzungen wie *s'arranger, s'accommoder* sind hier zwar richtig, passen aber nicht so gut zur Stilebene wie das Verb *faire avec.*

(20) Es war dann normal geworden: Als grammatisches (uneigentliches) Subjekt von *être* mit adjektivischem Prädikat stehen *il* und *ce*, wenn ein Infinitiv folgt. Hier kann man also sowohl *il était devenu normal de* als auch *c'était devenu normal de* verwenden, selbst wenn Letzteres der gesprochenen Sprache angehört (RW § 54.4).

Das Adverb "dann" bedeutet in diesem Zusammenhang "unter diesen Umständen" und kann mit *alors* übersetzt oder weggelassen werden.

(21) mich nicht sah: Hier ist eine Konstruktion mit *gérondif* (*en ne me voyant pas*) nicht möglich, weil beide Handlungen (weinen und nicht sehen) inhaltlich nicht eng zusammengehören. Hieße der Satz "die immer weinte und mich **dabei** nicht sah", wäre die Verwendung des *gérondif* gerechtfertigt.

(22) Andere: Das Indefinitpronomen *autre* kann attributiv als Begleiter eines Substantivs (*d'autres gens*) stehen oder allein als Stellvertreter eines Nomens (*d'autres*) gebraucht werden (RW § 94.2).

(22) hatten schlimmere Eltern: Das Adjektiv *mauvais* weist im Sinne von "schlimm" eine unregelmäßige Komparativform (*pire*) auf, die auch attributiv verwendet werden kann (RW §§ 173.2, 173.3). Im Plural steht das Substantiv mit vorangestelltem Adjektiv ohne Artikel (RW § 31.1): *de pires parents*. Auch möglich, aber unschön ist *des parents pires*. Da die Hinzufügung von *bien* zu *pire* schon fast redensartlich ist, ist *des parents bien pires* die eleganteste Lösung.

Das Unerfreuliche: Dieses substantivierte Adjektiv hat im Französischen keine wörtliche Entsprechung. Man könnte also entweder eine Nominalgruppe aus dem Adjektiv *fâcheux* und einem Substantiv bilden (*la chose fâcheuse*), oder den Ausdruck umschreiben (RW § 172): *la mauvaise nouvelle*.

Herrengeschichten: Hier wird "Herren" nicht mit *messieurs*, sondern mit *hommes* übersetzt, was allerdings nicht automatisch bedeutet, dass "Herren" immer mit "Männer" austauschbar ist. Das Wort "Männergeschichten" heißt nämlich *histoires de cœur*.

Die Wendung *histoires des hommes* ist nicht richtig, weil der bestimmte Artikel bei zusammengesetzten Wörtern vor dem Teil fehlt, der mit einer Präposition angeschlossen ist, wenn beide Substantive einen festen Begriff darstellen: "Herrengeschichten" sind eigentlich Geschichten über Männer und werden mit *des histoires d'hommes* wiedergegeben.

Text Nr. 2

In einer Großstadt nach dem Zweiten Weltkrieg arbeitet Fred Bogner
als Telefonist und gibt nebenbei Nachhilfeunterricht.

Die Nachhilfestunde

Zehn Minuten später saß ich in einem südlichen
Stadtteil in einer Küche, die nach Essig roch, und ein
blasses Mädchen mit großen, fast gelben Augen sagte
lateinische Vokabeln auf, und auf einmal öffnete sich die
5 Tür zum Nebenzimmer, und ein mageres Frauengesicht
erschien in der Tür, ein Gesicht mit großen, fast gelben
Augen, und sagte: „Gib dir Mühe, Kind, du weißt, wie
schwer es mir ist, dich zur Schule zu schicken – und die
Stunden kosten Geld."
10 Das Kind gab sich Mühe, ich gab mir Mühe, und die
ganze Stunde lang flüsterten wir uns lateinische Vokabeln
zu, Sätze und Syntaxregeln, und ich wusste, dass es
zwecklos war. Und als es Punkt zehn nach drei war, kam
die magere Frau aus dem Nebenzimmer, brachte heftigen
15 Essiggeruch mit, strich dem Kind übers Haar, blickte mich
an und fragte: „Glauben Sie, dass sie es schaffen wird?
(…)"
Ich knöpfte meinen Mantel zu, zog meine nasse Mütze aus der Tasche und sagte leise: „Sie wird es wohl
20 schaffen." Und ich legte meine Hand auf das (…) Blondhaar des Kindes, und die Frau sagte: „Sie muss es schaffen, sie ist meine Einzige, mein Mann ist in Winiza[1] gefallen." Ich sah für einen Augenblick den schmutzigen
Bahnhof von Winiza vor mir (…).

Nach Heinrich BÖLL, *Und sagte kein einziges Wort*[2] (1953)

---

[1] Winiza: *Vinnitsa*.
[2] Die Übersetzung ins Französische lautet: *Rentrez chez vous, Bogner!*

Le cours particulier[1]

Dix minutes plus tard, j'étais assis dans une cuisine
d'un quartier sud de la ville[2], qui sentait le vinaigre, et une
petite fille au visage[3] pâle et aux grands yeux presque
jaunes récitait du vocabulaire latin, et tout à coup[4], la
5   porte qui menait à la pièce voisine s'ouvrit et un maigre
visage de femme[5] apparut à la porte, un visage aux
grands yeux presque jaunes, et dit : «Fais un effort[6], mon
enfant, tu sais combien[7] il m'est difficile[8] de t'envoyer à
l'école – et les leçons coûtent cher».
10   L'enfant fit un effort[9], je fis un effort[10], et durant tout le
cours[11], nous nous chuchotâmes du vocabulaire latin, des
phrases et des règles de syntaxe[12], et je savais que cela
ne servirait[13] à rien[14]. Et lorsqu'il fut trois heures dix précises[15], la femme maigre sortit de la pièce voisine en appor-
15   tant avec elle une forte[16] odeur de vinaigre, caressa les
cheveux de l'enfant, me regarda et demanda : «Croyez-
vous qu'elle va y arriver[17] ?» (…)
Je boutonnai mon manteau, tirai mon bonnet mouillé
de ma poche[18] et dis tout bas[19] : «Elle y arrivera sans
20   doute». Et je mis[20] ma main sur la chevelure blonde[21] de
l'enfant, et la femme dit : «Elle doit y arriver[22], elle est tout
pour moi, mon mari est mort[23] à Vinnitsa». Je vis[24],
l'espace d'une seconde[25], la gare sale de Vinnitsa devant
moi (…).

D'après Heinrich BÖLL, *Rentrez chez vous, Bogner !* (1953)

Varianten

[1] La leçon particulière
[2] dans un quartier dans le sud de la ville, dans une cuisine
[3] teint
[4] soudain / tout d'un coup
[5] le maigre visage d'une femme
[6] Applique-toi / Donne-toi du mal
[7] comme / à quel point
[8] il me sera
[9] s'appliqua / se donna du mal
[10] je m'appliquai / me donnai du mal
[11] pendant tout le cours / toute l'heure de cours durant
[12] grammaire
[13] servait
[14] que c'était / ce serait inutile
[15] pile
[16] virulente
[17] qu'elle réussira / va réussir / y arrivera / réussisse / y arrive
[18] de mon sac / cartable
[19] doucement
[20] posai
[21] les cheveux blonds
[22] Il faut qu'elle réussisse
[23] a été tué
[24] J'eus (...) devant les yeux
[25] l'espace d'un instant / pour un moment

Anmerkungen

Le texte de Heinrich Böll met bien en valeur l'emploi de l'imparfait et du passé simple pour traduire le prétérit allemand. Il donne en outre un aperçu des différentes positions que peut prendre l'adjectif épithète en français.

Zeiten: Die meisten Verben stehen im *passé simple*, da es für Ereignisse verwendet wird, die in ihrem Ablauf als zeitlich begrenzt angesehen werden, oder auch eine Handlungskette bilden: öffnete sich (Z. 4), erschien (Z. 6), sagte (Z. 7), gab sich (Z. 10), flüsterten uns zu (Z. 11) war (Z. 13), kam (Z. 13), brachte (Z. 14), strich (Z. 15), blickte an (Z. 15), fragte (Z. 16), knöpfte zu (Z. 18), zog (Z. 18), sagte (Z. 19), legte (Z. 20), sagte (Z. 21), sah (Z. 23).

Nur ein paar Verben stehen im *imparfait*, weil sie einen Zustand beschreiben und daher als Begleitumstände gelten: saß (Z. 1), roch (Z. 2), sagte auf (Z. 3), wusste (Z. 12), war (Z. 13).

Stellung des attributiven Adjektivs: südlich (Z. 1), blass (Z. 3), groß (Z. 3, 6), fast gelb (Z. 3), lateinisch (Z. 4), mager (Z. 5, 14), heftig (Z. 14), nass (Z. 18), blond (Z. 20), schmutzig (Z. 23).

Die Nachhilfestunde: Nicht *cours de rattrapage* (Förderunterricht), weil es auf etwas anderes verweist als eine Nachhilfestunde: An bestimmten Schulen werden Kinder nach der Unterrichtszeit individuell in den Bereichen gefördert, in welchen sie Schwierigkeiten haben. *La leçon* ist zu allgemein.

(1) Zehn Minuten später: Anders als im Deutschen wird im Französischen ein Komma nach einer einleitenden Adverbialergänzung gesetzt (RW § 13.2).

(1) saß ich: Stellungsverben wie "sitzen, liegen, stehen" gehören zu den durativen Verben, d.h. sie kennzeichnen einen Zustand ohne zeitliche Begrenzung als andauernd, nicht vollendet. Daher wird "saß" ins Imperfekt gesetzt.

(1) südlich: Nicht *au sud de*, das eigentlich ein Adverb ist und "südlich von" heißt. Hier handelt es sich um ein Adjektiv, das vor einem Substantiv mit Ergänzung steht und folglich klein geschrieben wird: *Banlieue, côte, extrémité, flanc, hémisphère, latitude, lisière, pôle, rive sud; moitié, partie, pointe sud de qc.* Groß geschrieben werden Himmelsrichtungen, wenn diese eine Region als solche bezeichnen und keine Ergänzung bei sich haben (RW § 12.2). Merke: *j'habite dans le Midi, un voyage dans le Nord, l'Amérique du Sud, les villes de l'Est,* aber *Lille est située au nord de Paris, la maison est orientée à l'ouest.*

(1-2) in einem (...) Stadtteil in einer Küche: Im Deutschen werden häufig zwei Ortsangaben nebeneinander angeordnet, wobei allein durch die Stellung im Satz klar wird, dass die zweite Ortsangabe die erste präzisiert (z.B. "ich wohne in einem Haus in der Innenstadt" im Gegensatz zu "ich wohne in der Innenstadt in einem Haus"). Dagegen macht das Französische die Rollenverteilung der Ortsangaben unmissverständlich, indem die lediglich präzisierende Angabe durch die Präposition *de* untergeordnet wird. Eine dem deutschen Satzbau entsprechende Konstruktion ist möglich, wirkt aber schwerfällig.

(2) in einer Küche (...), die (...) roch: Relativsätze werden durch Kommas abgetrennt, wenn sie nicht zum Verständnis des Beziehungswortes bzw. -satzes notwendig sind, sondern eine zusätzliche Information geben (RW § 143). Dieser Satz wäre also ohne Kommas unrichtig, weil der eingeschobene Relativsatz *qui sentait le vinaigre* sonst fälschlicherweise als Relativsatz zu *ville* und nicht zu *cuisine* aufgefasst werden müsste.

(2) nach Essig roch: *sentir* im Sinn von *exhaler, répandre une odeur* ("nach etwas riechen") gehört zu den Verben, die im Gegensatz zum Deutschen mit direktem Objekt verbunden werden. Es erfordert zudem die Verwendung des bestimmten Artikels: *sentir le brûlé, l'ail, la rose* (RW § 282).

(2-3) ein blasses Mädchen: *Pâle* zur Personenbeschreibung wird nie attributiv verwendet, sondern umschrieben: *qui a le teint pâle, pâle comme la mort, comme un linge, pâle de peur, de colère, de rage.* Ausnahme: *les Visages pâles* ("Bleichgesichter")

(3) mit ... Augen: Nicht *avec des yeux*, sondern *aux yeux*. Die Präposition *à* steht vor Nomen, die Körperteile oder Accessoires bezeichnen, wie z.B. in *Berthe au long pied, l'homme au chapeau...* (RW § 325.3)

(3) großen, fast gelben Augen: Nicht *yeux grands presque jaunes*. Hier handelt es sich um die Stellung mehrerer Adjektive beim Nomen. Fest steht, dass alle Farbadjektive üblicherweise nachgestellt werden (RW § 167); *grand* wird üblicherweise vorangestellt (RW § 165).

(4) lateinische Vokabeln: Nicht *vocable*, das ein falscher Freund ist. *Vocable:* Semantischer Fachausdruck "*Terme de grammaire. Mot, partie intégrante d'un langage*" (Petit Robert). – *Vocabulaire:* Wortschatz "*liste de mots, communément dans l'ordre alphabétique, et accompagnés d'explications succinctes* " (Petit Robert).

(4) und auf einmal: "auf einmal" im Sinne von "plötzlich, überraschend" heißt *tout à coup* oder *soudain. Tout d'un coup* ist hier auch möglich.

(5) das Nebenzimmer: Nicht *chambre à côté*, sondern *pièce voisine.* Nur das "Schlafzimmer" heißt *la chambre.* "Zimmer" oder "Raum" sind einfach *la pièce. À côté* ("nebenan") ist ein Adverb und kann nur in der Konstruktion *d'à côté* adjektivisch gebraucht werden: *le voisin d'à côté.*

(3-4) die Tür zum Nebenzimmer: Die Präposition "zu" wird mit Präpositionen wie *à* oder *vers* nicht ausreichend übersetzt. Am besten ist ein einfacher Genitiv (*la porte de la pièce voisine*), aber die Erweiterung der Nominalgruppe durch einen Relativsatz (*qui menait à*) oder eine Partizipialkonstruktion (*menant à*) ist auch möglich.

(5) ein mageres Frauengesicht: Das Adjektiv *maigre* im Sinn von "mager" wird üblicherweise nachgestellt. Aber wenn das Substantiv (*un visage*) eine längere Ergänzung (*de femme*) bei sich stehen hat, ist die Voranstellung des Adjektivs (*maigre*) aus Gründen der Harmonie und des Rhythmus notwendig (RW § 168.2).

(6) erschien in der Tür: Die deutsche Präposition "in" wird hier nicht durch *dans,* sondern durch *à* wiedergegeben: *apparaître à la porte.* Das Erscheinen im Türrahmen kann mit *dans l'encadrement de la porte* besonders betont werden (nicht *cadre,* was dem deutschen "Bilderrahmen" entspricht).

(7) Gib dir Mühe: Nicht *efforce-toi,* weil *s'efforcer* eine verbale Ergänzung erfordert: *s'efforcer de faire qc* (sich bemühen etwas zu tun: RW §§ 268.2, 259.2). Auch nicht *donne-toi de la peine.* Grammatikalisch korrekt wäre «*donne-toi du mal*». Allerdings ist diese Redewendung im Imperativ unüblich. Zu beachten sind ferner die besonderen Imperativformen der reflexiven Verben: Beim bejahten Imperativ stehen die Reflexivpronomen nach dem Verb und werden mit Bindestrich angeschlossen. Statt *te* steht die unverbundene Form *toi* (RW § 267.2).

(7) Kind: Nicht *enfant.* «*Mon enfant*» ist die gebräuchlichste Ausdrucksweise. Nicht *mon petit* oder *mon bébé,* die der heutigen Umgangssprache angehören.

(7-8) wie schwer es mir ist: Nicht *comment il est difficile pour moi.* Die Konjunktion "wie" bezeichnet hier den Grad, das Ausmaß eines Zustands und wird üblicherweise im Französischen durch *combien, comme* oder *à quel point* wiedergegeben. Siehe "wie" als Ausdruck der Intensität (Confais § 364).

Der Infinitiv mit *de* steht nach dem unpersönlichen Ausdruck *il est* + Adjektiv und in der gesprochenen Sprache auch nach *c'est* + Adjektiv: *il est difficile de se lever tôt.* Genauso verhält es sich mit nachgestellten *que*-Sätzen: *Il est inutile que vous vous déplaciez* (RW § 55). Wird dagegen auf einen vorangehenden Satz verwiesen, ist nur die Konstruktion mit *c'est* + Adjektiv möglich: *Qu'il vienne ou pas, cela m'est égal* (RW § 54.4).

(8-9) die Stunden kosten Geld: *cher* in *coûter cher* ist unveränderlich. Es handelt sich nämlich um ein adverbial gebrauchtes Adjektiv (RW § 306). Die wörtliche Übersetzung *coûter de l'argent* ist auch möglich.

(10) gab sich Mühe: Das *passé simple* verdeutlicht, dass das Bemühen der beiden Protagonisten eine Folge der vorher ausgesprochenen Ermunterung ist. Ebenso gut könnte als Erklärung dienen, dass die Nachhilfestunde ein zeitlich begrenzter Abschnitt ist.

(10-11) und die ganze Stunde lang: "Stunde" kann entweder als Zeiteinheit (*heure*) oder als Unterrichtsstunde (*heure de cours* oder *cours*) aufgefasst werden, wobei man hier die zweite Bedeutung aus dem Kontext ("Nachhilfestunde") erschließen kann.

Wenn "lang" einer Zeitangabe nachgestellt wird, übersetzt man es im Französischen durch *pendant*: *et pendant tout le cours / toute l'heure de cours*. In der gehobenen Sprache steht auch *durant* in der Bedeutung von *pendant* (KK § 236): *et durant tout le cours / toute l'heure de cours*.

(11-12) flüsterten wir uns ... zu: *murmurer qc à qn* für "jdm. etwas zuflüstern" ist auch möglich. Das *passé simple* ist hier erforderlich, da die Zeitangabe "und die ganze Stunde lang" eine begrenzte Dauer der Handlung darstellt (RW § 199).

(12) ich wusste: Nicht *je sus*, weil *savoir* zu den Verben gehört, bei denen die Form des Imperfekts und des *passé simple* zwei verschiedenen deutschen Verben entspricht, etwa hier *je savais* ("ich wusste") und *je sus* ("ich erfuhr") (RW § 200.4).

(12-13) dass es zwecklos war: Auch möglich: *serait inutile* oder *était inutile*. Dabei hebt das Imperfekt deutlicher die Unvermeidlichkeit des Ergebnisses heraus.

(13) Punkt zehn nach drei: Nicht *exactement dix après trois*, *dix minutes précises après trois heures*. Bei Zeitangaben in Stunden muss *heure(s)* hinzugefügt werden; *minute(s)* kann dagegen weggelassen werden (RW § 100.4). Allenfalls: *trois heures dix minutes précises* und *exactement trois heures dix*. Dagegen ist *pile* unveränderlich und gehört der Umgangssprache an.

(13-14) kam ... aus dem Nebenzimmer: *sortit de la pièce voisine* ist deutlicher als *vint de la pièce voisine*, was aber nicht unmöglich wäre.

(14) die magere Frau: Nicht *la maigre femme,* weil das Adjektiv *maigre* die Bedeutung von "dürftig, kümmerlich" hat, wenn es vorangestellt wird (RW § 168.3).

(14-15) brachte ... mit: Nicht *amena, emporta, emmena,* sondern *apporta.* Im Französischen muss man, wenn man das deutsche Verb "bringen" korrekt wiedergeben will, zwei Dinge beachten: a) den Standpunkt des Sprechers und b) ob eine Person oder eine Sache gebracht wird. Zum Standpunkt des Sprechers hin heißt es *amener quelqu'un* und *apporter quelque chose* und vom Standpunkt des Sprechers weg *emmener quelqu'un* und *emporter quelque chose.*

Soll "mit" ausdrücklich übersetzt werden, ist *avec* durch ein passendes Objektpronomen zu ergänzen. Mit Bezug auf ein bestimmtes Subjekt steht meist *avec lui, elle, eux, elles* (RW § 142.2). *Avec soi* wäre grammatisch falsch, weil das Reflexivpronomen *soi* nur in Bezug auf ein unbestimmtes Subjekt verwendet wird (RW § 142.1).

Apporta avec elle ist auch möglich. Miteinander einhergehende Vorgänge werden jedoch häufig vorteilhaft durch das *gérondif* verbunden, vor allem, wenn ein Verb der Bewegung genauer charakterisiert werden soll (RW § 254).

(14-15) heftigen Essiggeruch: Zur Stellung des Adjektivs (RW § 168.2) siehe Anmerkung (5).

(15) strich dem Kind übers Haar: Die wörtliche Übersetzung *caressa l'enfant sur les cheveux* ist nicht idiomatisch. Die deutsche präpositionale Konstruktion "übers Haar streichen" wird durch ein transitives Verb *caresser les cheveux* wiedergegeben. Möglich wäre auch *passa la main sur les cheveux de l'enfant,* was dem deutschen "dem Kind mit der Hand über die Haare streichen" entspricht.

(16) dass sie es schaffen wird: In der Regel hat man keine Wahlmöglichkeit zwischen Indikativ und Konjunktiv. Aber *croire* gehört zu den Verben des Sagens und Denkens, die entweder immer mit dem Konjunktiv stehen, wenn sie verneint, fragend oder bedingend gebraucht werden und wenn die Aussage als ungewiss, unwahrscheinlich oder fraglich erscheint, oder mit dem Indikativ, wenn der Inhalt des *que-*Satzes als tatsächlich hingestellt wird (RW § 213.2).

Das Pronomen "es" in "es schaffen" wird im Französischen nicht ausgedrückt (RW § 132.5).

Die Verbform "wird" weist auf das Futur I hin, dem im Französischen das *futur simple* und das *futur proche* entsprechen. Für Dinge, die in einer sehr nahen Zukunft stattfinden (und – wie im Text – in einem eher umgangssprachlichen Zusammenhang), eignet sich das *futur proche* am besten (RW § 206).

(18) Ich knöpfte meinen Mantel zu: Nicht *fermer les boutons de mon manteau.* Die Übersetzung des Partikelverbs "zuknöpfen" ins Französische gelingt in einem einzigen Wort, da hier das Präfix "zu" und das Verb "knöpfen" in einem einzigen französischen Verb *boutonner* konzentriert werden.

(18-19) meine nasse Mütze: Das Adjektiv *mouillé* wird immer nachgestellt. Für "Mütze" wären auch *casquette* ("Schirmmütze") oder *béret* ("Baskenmütze") durchaus akzeptabel.

(19) Tasche: Für "Tasche" sind mehrere Übersetzungen möglich, etwa *sac, cartable* oder *poche.* Der Zusammenhang des deutschen Textes gestattet keine Entscheidung.

(19) wohl: Das Modaladverb "wohl" ist nur eine von mehreren Arten, im Deutschen eine vage Vermutung auszudrücken, und wird mit *sans doute* oder *probablement* wiedergegeben. *Sans aucun doute* ("zweifellos") wäre hier falsch, weil man damit verdeutlichen würde, dass keinerlei Zweifel bleiben (RW § 89.1).

(20-21) das Blondhaar: Das zusammengesetzte Nomen hat im Französischen keine wörtliche Entsprechung. Es wird durch eine klassische Konstruktion aus Substantiv (*les cheveux* oder *la chevelure*) und nachgestelltem Farbadjektiv (*blonds* bzw. *blonde*) übersetzt.

(22) Sie ist meine Einzige: Nicht *elle est ma seule,* weil das Adjektiv *seul* nur in Redewendungen wie *le seul qui fait qc, le seul à faire qc* substantivisch gebraucht werden kann.
Für "jemandes Einzige sein" wäre auch *être la fille unique de quelqu'un* möglich. Hier ist die vorgeschlagene Übersetzung «*elle est tout pour moi*» durchaus angebracht, weil sie dem gefühlsbetonten "meine" entspricht.

(22) in Winiza gefallen: Nicht *décéder,* das immer mit *être* verbunden wird (RW § 191.2). Nicht *tomber à Vinnitsa,* weil *tomber* allein nicht ausreichend ist. Es heißt nämlich *tomber frappé à mort* oder *tomber au champ d'honneur, tomber à la guerre,* aber es steht nicht in Verbindung mit einem geographischen Namen.

(23) ich sah für einen Augenblick: Die Zeitangabe "für einen Augenblick" bezeichnet eine begrenzte Dauer der Handlung und fordert somit das *passé simple* (RW § 199).

(23-24) den schmutzigen Bahnhof: Nicht *la sale gare*, weil *sale* vor dem Substantiv in gefühlsbetonter Weise abwertend wirkt, in etwa "den verdammten Bahnhof", denn *sale* gehört zu den Adjektiven, die vor oder nach dem Substantiv stehen können und dabei ihre Bedeutung ändern (RW § 169).

(24) vor mir: Die wörtliche Übersetzung *voir devant moi* ist hier durchaus angebracht. Statt des redundanten *voir devant mes yeux* könnte man auch *avoir devant les yeux* sagen.

Text Nr. 3

Claudia a 39 ans, elle est médecin, elle n'a aucune ambition,
aucun intérêt politique, aucun désir. Elle a une liaison avec Henry,
architecte séparé de sa famille.

Eine Fahrt in die Vergangenheit

Mitte Oktober fuhr ich nach G. Ich hatte zwei freie Tage, die ich nicht in Berlin verbringen wollte. Die Fahrt kam
für mich selbst überraschend. Einen Tag vorher, am Mittwoch, rief ich das einzige Hotel in G. an und bekam noch
5 ein Zimmer für eine Nacht.
Warum ich nach G. fahren wollte, kann ich nicht sagen. Ich habe dort meine Kindheit verbracht. Als ich vierzehn Jahre alt war, zogen meine Eltern um. Seitdem war
ich nie wieder in dieser Stadt gewesen.
10 Ich rief Henry auf seiner Arbeitsstelle an (…). Er fragte, ob er mitkommen könnte. Ich sagte, es werde für mich
so etwas wie eine Fahrt in die Vergangenheit sein, er
würde sich langweilen. Zwei Stunden später rief ich
nochmal an und sagte, dass ich mich freuen würde, wenn
15 er mitkäme. (…)
Am nächsten Tag fuhren wir gegen neun los. Wir fuhren mit Henrys Wagen. Unterwegs meinte er, ich solle
von G. erzählen, von meiner Kindheit. Ich beschrieb ihm
die Stadt, unser Haus. Ich erzählte von meinen Eltern und
20 meiner Schwester (…).
Als wir ankamen und durch G. fuhren, spürte ich eine
aufkommende Beklommenheit. Um mich abzulenken,
redete ich viel.

Nach Christoph HEIN, *Der fremde Freund* (1982)

Un voyage dans le passé

A la mi-octobre[1], j'allai à G. J'avais deux jours de congé[2] et je ne voulais pas les passer à Berlin[3]. Ce fut, même pour moi, un voyage imprévu[4]. La veille[5], le mercredi, j'appelai l'unique[6] hôtel de G. et (j')obtins encore
5 une chambre pour une nuit.

Pourquoi voulais-je aller à G.? Je suis incapable de le dire. J'y ai passé mon enfance. J'avais quatorze ans quand[7] mes parents déménagèrent[8]. Depuis[9], je n'étais plus jamais retournée dans cette ville.

10 J'appelai Henry à son travail[10] (…). Il me demanda s'il pourrait m'accompagner. Je lui dis que cela allait être pour moi une sorte de voyage dans le passé, et qu'il s'ennuierait. Deux heures plus tard, je le rappelai pour lui dire que je serais heureuse[11] s'il venait (…).

15 Le lendemain[12], nous partîmes vers (les) neuf heures. Nous prîmes la voiture de Henry. Pendant le trajet[13], il me demanda de lui parler de G. et de mon enfance. Je lui décrivis la ville et notre maison. Je lui parlai de mes parents et de ma sœur (…).

20 Lorsque nous arrivâmes et traversâmes[14] G., je sentis l'angoisse monter en moi[15]. Pour pouvoir penser à autre chose[16], je me mis à parler[17] beaucoup[18].

D'après Christoph HEIN, *L'Ami étranger* (1982)

Varianten

[1] Mi-octobre
[2] de libre(s)
[3] deux jours de congé que je ne voulais pas passer à Berlin
[4] Ce voyage fut, même pour moi, une surprise.
[5] Un jour (aupar)avant / Le jour précédent
[6] le seul
[7] lorsque
[8] Lorsque j'avais quatorze ans, mes parents déménagèrent.
[9] Depuis cette date
[10] sur son lieu de travail / au travail
[11] que je me réjouirais
[12] Le jour suivant / Le jour d'après
[13] En chemin / En cours de route
[14] Lorsqu'on arriva et traversa
[15] l'angoisse naître en moi
[16] Pour me changer les idées
[17] je parlai
[18] abondamment

Anmerkungen

Le texte de Christoph Hein nous présente la narratrice au moment où celle-ci décide de retourner sur les lieux de son enfance. Henry, l'homme avec lequel elle a une liaison, souhaite l'accompagner. Après beaucoup d'hésitations, elle finit par accepter.

Il n'y a guère de problèmes de traduction dans ce passage. Seule la transcription du style indirect allemand en français pourrait occasionner quelques difficultés. La narratrice rapporte des bribes de la conversation qu'elle a eue avec Henry un jour avant leur départ pour G. Ce style indirect permet de laisser passer toutes sortes de sous-entendus, de non-dits, de doutes, de suspicions, de scepticisme qu'il s'agit de bien formuler.

Zeiten: Der Text beginnt mit einer Zeitangabe ("Mitte Oktober") und bietet damit gleich einen Orientierungspunkt für die Einbettung des Geschehens.

Die meisten Verben stehen im *passé simple*, da es für Ereignisse verwendet wird, die in ihrem Ablauf als zeitlich begrenzt angesehen werden, oder auch eine Handlungskette bilden: fuhr (Z. 1), kam (Z. 2), rief an (Z. 4, 10, 13), bekam (Z. 4), zogen um (Z. 8), fragte (Z. 10), sagte (Z. 11), fuhren los (Z. 16), fuhren (Z. 16, 21), meinte (Z. 17), beschrieb (Z. 18), erzählte (Z. 19), ankamen (Z. 21), spürte (Z. 21), redete (Z. 23).

Nur ein paar Verben stehen im *imparfait*, weil sie einen Zustand beschreiben und daher als Begleitumstände gelten: hatte (Z. 1), wollte (Z. 2, 6), war (Z. 8).

Indirekte Rede: könnte (Z. 11), werde sein (Z. 11-12), würde sich langweilen (Z. 13), solle (Z. 17).

Eine Fahrt in die Vergangenheit: Hier wird "Fahrt" mit *voyage*, und nicht mit *tour* (die Tour) oder *trajet* (Strecke) übersetzt. Die Präposition "in" darf nicht mit *à* übersetzt werden, weil *un voyage au passé* bedeuten würde, dass die Fahrt in der Vergangenheit stattfindet. Im Französischen ist deshalb die Präposition *dans* notwendig.

(1) Mitte Oktober: Die Namen der Monate (und der Wochentage, siehe unten) werden im Französischen klein geschrieben. Das Substantiv "Mitte" wird mit dem Adverb *mi-* wiedergegeben, wenn es vor einem Monatsnamen steht. Die Zeitangabe "Mitte Oktober" kann entweder allein durch *mi-octobre* oder als Präpositionalgruppe *à la mi-octobre* übersetzt werden (RW § 41.3). Diese adverbiale Bestimmung wird durch ein Komma vom Satz getrennt, weil sie am Satzanfang steht (RW § 13.2).

(1) fuhr ich nach G.: Die Verbform ("fuhr") beschreibt eine zeitlich begrenzte, völlig abgeschlossene Handlung und wird deshalb durch das *passé simple* wiedergegeben (RW § 199).

Das Verb "fahren" im Sinne von "mit einem Fahrzeug reisen" wird mit *aller* (und nicht mit *rouler*) übersetzt. In Verbindung mit diesem Verb tritt meist die Präposition *à* ("nach") vor einem Städtenamen auf (RW § 325.1): *j'allai à G.* Die Präposition *à* drückt ganz allgemein die Richtung auf einen Ort zu sowie das Erreichen des Ortes aus, während die Präposition *vers* verwendet wird, wenn nur die Richtung, ohne Erreichung des Ziels, ausgedrückt werden soll.

(1-2) Ich hatte zwei freie Tage: Im Französischen steht diese Information im *imparfait*, weil sie einen Begleitumstand beschreibt.

Die Nominalgruppe "zwei freie Tage" wird üblicherweise mit *deux jours de congé* wiedergegeben. Die Wendung *deux jours de libre(s)* ist hier auch möglich, gehört jedoch der Umgangssprache an.

(2) die ich nicht in Berlin verbringen wollte: Es handelt sich hier um einen erläuternden Relativsatz, der für das Verständnis des Hauptsatzes nicht unbedingt erforderlich ist und demnach weggelassen werden kann. Deshalb wird er im Französischen durch ein Komma vom Hauptsatz getrennt (RW § 143.2). Außerdem liefert dieser Relativsatz als Hintergrundinformation die Absicht der Ich-Erzählerin und steht im *imparfait*.

Um sich dem parataktischen Stil des Autors anzupassen und eine kompliziert klingende Konstruktion im Französischen zu vermeiden, kann man aus dem untergeordneten Nebensatz (Relativsatz) und dem Hauptsatz zwei selbständige Sätze machen, die mit *et* aneinander gereiht werden. Dabei wird das Relativpronomen *que* zum direkten Objekt: *et je ne voulais pas les passer à Berlin.*

(2) Die Fahrt: Die Übersetzung des deutschen Artikels "die" durch das Französische *le* wäre hier nicht ausreichend. Wenn im Deutschen nämlich der bestimmte Artikel durch das Demonstrativadjektiv ("diese") ersetzt werden kann, muss im Französischen der Demonstrativbegleiter *ce* vor dem Substantiv *voyage* stehen (RW § 49): *ce voyage.*

(2-3) kam für mich selbst überraschend: Die Verbform "kam" bezieht sich auf ein plötzlich eintretendes Geschehen und wird deshalb im Französischen mit *passé simple* wiedergegeben.

In der Redewendung "überraschend kommen" fungiert das Partizip Präsens "überraschend" nicht als Adjektiv (*surprenant, inattendu*), sondern als Adverb (*inopinément, subitement*). Verwendet man diese Adverbien bei der Übersetzung ins Französische, so geht die Idee der Überraschung verloren. Der ganze Ausdruck muss deshalb umschrieben werden: *Ce voyage fut une surprise.*

Die Übersetzung von "für mich selbst" durch *pour moi-même* ist zwar grammatikalisch richtig, drückt aber die Verwunderung der Ich-Erzählerin nicht genügend aus. Die vorgeschlagene Wendung *même pour moi* gibt den Sinn des deutschen Textes dagegen klarer wieder (RW § 97).

(3) Einen Tag vorher: Diese Zeitangabe bezieht sich auf einen im Text bereits erwähnten Zeitpunkt ("Mitte Oktober") und wird entweder wörtlich mit *un jour (aupar)avant* oder mit *le jour d'avant, le jour précédent, la veille* (am Vortag) übersetzt (RW § 370.2). Zur Kommasetzung bei der adverbialen Bestimmung am Satzanfang (RW § 13.2) siehe Anmerkung (1) *La veille, ...*

(3-4) am Mittwoch: Die Wochentage werden im Französischen klein geschrieben. Sie stehen mit dem bestimmten Artikel, wenn sie sich auf einen Tag beziehen, der näher bestimmt ist (RW § 41.2): *le mercredi.*

(4) rief ich das einzige Hotel in G. an: Die Adjektive *unique* und *seul* müssen vorangestellt werden, wenn sie im Sinne von "einzig" verwendet werden (RW § 169): *l'unique / le seul hôtel.* Nachgestellt bedeutet *unique* "einzigartig" und *seul* "einsam".

(4-5) und bekam noch ein Zimmer für eine Nacht: Hier bedeutet das Verb "bekommen" nicht *recevoir* (*une lettre, un message, un coup, de la visite...*), sondern *obtenir* (*la majorité, une communication, un emploi, une permission ...*).
Das Adverb "noch" darf nicht mit *tout juste* (gerade noch), sondern muss mit *encore* übersetzt werden.
Das "Zimmer" im Sinne von "Hotelzimmer" oder "Schlafzimmer" heißt *la chambre.*

(6) Warum ich nach G. fahren wollte: Dieser indirekte Fragesatz drückt eine Art Selbstgespräch aus und steht im Französischen deshalb im *imparfait* (RW § 372.4). Die Wortstellung dieses indirekten Fragesatzes mit *pourquoi* entspricht der Wortstellung des einfachen, bejahten Aussagesatzes: Fragewort + Subjekt + Verb: *Pourquoi je voulais alle à G.* Die deutsche indirekte Frage kann außerdem in einen französischen direkten Fragesatz mit Inversion umgewandelt werden (RW § 354.1): *Pourquoi voulais-je aller à G.?* Dadurch wird die Situation des Selbstgesprächs lebhafter dargestellt.

(6-7) kann ich nicht sagen: Für die Wiedergabe von "nicht können" steht im Französischen der verbale Ausdruck *être incapable* zur Verfügung, der die fehlende Fähigkeit präzise zum Ausdruck bringt. *Ne pas pouvoir* enthält dagegen auch die Möglichkeit der fehlenden Erlaubnis. Hier darf man das Objektpronomen *le*, das sich wie das deutsche "es" auf einen ganzen vorausgehenden Satz bezieht (RW §§ 132.1, 132.2), nicht vergessen!

(7) Ich habe dort meine Kindheit verbracht: Dieses deutsche Perfekt stellt den Abschluss einer Handlung als eine Tatsache fest und wird im Französischen deshalb mit *passé composé* wiedergegeben: *j'ai passé mon enfance.*
Das Adverb "dort" bezieht sich also auf die Stadt G. und wird entweder durch die adverbiale Bestimmung *là-bas* oder durch das Pronominaladverb *y* (RW § 135.1) übersetzt.

(7-8) Als ich vierzehn Jahre alt war: Die Übersetzung mit *lorsque j'eus quatorze ans* ist falsch. *Avoir* gehört zu den Verben, bei denen die Formen des *imparfait* und des *passé simple* zwei verschiedene Bedeutungen haben (RW § 200.4): *j'avais quatorze ans* ("ich war vierzehn Jahre alt") und *j'eus quatorze ans* ("ich wurde vierzehn Jahre alt"). Das Komma darf nach dem Nebensatz, der dem Hauptsatz vorausgeht, nicht vergessen werden (RW § 13.2).

(8) zogen meine Eltern um: Während das *imparfait* des Nebensatzes ("Als ich vierzehn Jahre alt war") einen andauernden Zustand ausdrückt, steht hier das *passé simple* für ein innerhalb dieser laufenden Handlung punktuelles, abgeschlossenes Geschehen.
Das Verb "umziehen" wird mit *déménager* übersetzt: *mes parents déménagèrent.* Merke: *emménager* (einziehen), *quitter un logement* (ausziehen).

(8-9) Seitdem war ich nie wieder in dieser Stadt gewesen: Im Französischen kann die Wendung "nie wieder sein" nicht allein mit dem Verb *être* im Plusquamperfekt (*je n'avais plus jamais été*) übersetzt werden. In diesem Fall benutzt man das Verb *retourner* (RW § 135.1): *je n'étais plus jamais retournée.* Die Wendung mit *être* gehört der Umgangssprache an (RW § 257.4).
Das Adverb "seitdem" gibt man im Französischen entweder mit einer Präpositionalgruppe (*depuis cette date, depuis ce moment-là*) oder allein mit dem Adverb *depuis* wieder. Zur Kommasetzung bei der adverbialen Bestimmungen am Satzanfang (RW § 13.2) siehe Anmerkung (1) *Depuis (cette date),* ...

(10) Ich rief Henry auf seiner Arbeitsstelle an: Das zusammengesetzte Wort "Arbeitsstelle" bedeutet hier nicht *emploi* (Anstellung), sondern *(lieu de) travail* (Arbeitsort).
Abhängig davon, ob dieses Wort mit *travail* oder mit *lieu de travail* wiedergegeben wird, wird im Französischen die Präposition "auf" unterschiedlich übersetzt: *à son travail* oder *sur son lieu de travail.*

(10-11) Er fragte, ob er mitkommen könnte: Das Verb "mitkommen" heißt im Französischen *venir avec quelqu'un* oder *accompagner quelqu'un*.

Zur Wortstellung in dieser indirekten Gesamtfrage, die durch *si* ("ob") eingeleitet wird siehe Anmerkung (6).

Interessant ist hier die Wahl des Konjunktivs II, welcher der Frage eine höflichere Form verleiht. In der direkten Rede drückt der Konjunktiv II "könnte" eine vorsichtige Frage, eine höfliche Bitte oder eine Abschwächung aus. Im indirekten Fragesatz bleibt das *Conditionnel* erhalten: *s'il pourrait m'accompagner / venir avec moi.*

(11-12) Ich sagte, es werde für mich so etwas wie ... sein: Auffällig ist bei dieser indirekten Rede, dass die Konjunktion "dass" fehlt: Abweichend vom Deutschen darf jedoch *que* im Französischen nie weggelassen werden!

Der Ausdruck "so etwas wie" kann nicht wörtlich (*quelque chose comme*) ins Französische übersetzt werden. Es stehen aber andere Möglichkeiten wie *quelque chose de comparable à, une sorte de* zur Verfügung.

Da das einleitende Verb "sagte" in der Vergangenheit steht, wird das Futur I der direkten Rede ("es wird für mich ... sein") in der indirekten Rede zum Konditional (RW § 370.2): *que ce serait une sorte de ...*

Um die aufeinander folgenden Konditionalformen ("werde sein" und "würde sich langweilen") voneinander zu unterscheiden, wäre der Gebrauch von *aller* + Infinitiv (RW § 206) im Imperfekt für erstere und des Konditionals für letztere passend (siehe Anmerkung 12-13).

(12-13) er würde sich langweilen: Es handelt sich hier um eine Annahme der Ich-Erzählerin (Wenn er mitkäme, würde er sich langweilen), die selbst in der direkten Rede im Konjunktiv II steht und in der indirekten Rede deshalb unverändert bleibt (RW § 370.2): *il s'ennuierait.*

(13-14) Zwei Stunden später rief ich nochmal an und sagte: Zur Kommasetzung bei der adverbialen Bestimmung am Satzanfang (RW § 13.2) siehe Anmerkung (1): *Deux heures plus tard, ...*

Anstelle von *et je dis* kann der Infinitiv *dire* zur Unterstreichung der Absicht mit der Präposition *pour* angeschlossen werden (RW § 257.4): *je rappelai pour dire...*

(14) dass ich mich freuen würde: Das Verb "sich freuen" heißt *être heureux, être content* oder *se réjouir*.

Im Deutschen würde selbst in der direkten Rede die Aussage dieses Hauptsatzes im Konjunktiv II stehen, um die Wunschvorstellungen der Ich-Erzählerin zum Ausdruck zu bringen. Obwohl das einleitende Verb der indirekten Rede in der Vergangenheit steht ("sagte"), ergeben sich im abhängigen Satz keine Tempus-Veränderungen mehr. Im Französischen wird deshalb einfach der Konditional I verwendet.

(14-15) wenn er mitkäme: Das Verb eines irrealen Konditionalsatzes mit *si* ("wenn") steht – im Unterschied zum Deutschen! – im Indikativ Imperfekt, wenn im Hauptsatz Konditional I verwendet wird (RW § 221.2).

(16) Am nächsten Tag: Diese Zeitangabe wird mit *le jour suivant, le jour d'après oder le lendemain* (aber nicht mit *le jour prochain*) übersetzt (RW § 370.2). Zur Kommasetzung bei der adverbialen Bestimmung am Satzanfang (RW § 13.2) siehe Anmerkung (1) *Le lendemain / Le jour suivant, ...*

(16) fuhren wir gegen neun los: Das Verb "losfahren" heißt *partir*. Im Unterschied zum Deutschen muss im Französischen bei Zeitangaben in Stunden unbedingt *heure(s)* hinzugefügt werden: *neuf heures*. Die Präposition "gegen" bezeichnet einen ungefähren Zeitpunkt und wird im Französischen mit *vers* + Nominalgruppe wiedergegeben (RW § 324). In Verbindung mit der Uhrzeit kann der bestimmte Artikel *les* stehen (KK § 235.3): *vers (les) neuf heures*.

(16-17) Wir fuhren mit Henrys Wagen: Das Verb "fahren" wird in diesem Fall nicht mit *aller* oder *partir* übersetzt. Wendungen wie "mit dem Zug, mit dem Auto fahren" werden nämlich mit *prendre le train, prendre la voiture* wiedergegeben.

Hier wird die Elision von *de* vor "Henry" nicht durchgeführt, weil das *e* mit dem *h aspiré* des Folgeworts zusammentrifft: *la voiture de Henry*.

(17) Unterwegs: Für das deutsche Adverb "unterwegs" gibt es im Französischen viele Entsprechungen: *en chemin, en cours de route*, hier zusätzlich auch *pendant le trajet, pendant le voyage*. Ausdrücke wie *sur le chemin* oder *en route* wären hier unpassend, weil beide eine Angabe der Richtung verlangen. Die Präpositionalgruppe *en voyage* (auf Reisen) wäre ganz falsch. Zur Kommasetzung bei der adverbialen Bestimmung am Satzanfang (RW § 13.2) siehe Anmerkung (1): *En cours de route, ...*

(17) meinte er, ich solle …: Hier geht es um eine Sonderform der indirekten Rede, nämlich um eine indirekte Aufforderung, die mit dem Modalverb "sollen" ausgedrückt wird. Die wörtliche Übersetzung des Verbs "meinen" durch *penser que* … ergibt daher keinen Sinn. Diese Aufforderung wird im Französischen folgendermaßen wiedergegeben: Ist die direkte Rede ein Imperativ (Erzähl doch mal…!), dann wird im Französischen das Verb in der indirekten Rede zu einem mit *que* eingeleiteten *subjonctif (demander que quelqu'un fasse quelque chose)* oder zu einem durch *de* eingeleiteten Infinitiv: *demander à quelqu'un de faire quelque chose* (RW § 264.7).

(18) von G. erzählen: Das Verb *raconter* ("erzählen") gehört zu den Verben, die im Gegensatz zum Deutschen mit einem direkten Objekt, d.h ohne die Präposition *de*, verbunden werden (RW § 282): *raconter son voyage* ("von seiner Reise erzählen"). Statt *raconter de*, was also grammatikalisch falsch ist, wird *parler de* verwendet (RW § 296.8): *il me demanda de lui parler de G.*

(18) Ich beschrieb ihm: Das Verb *décrire* ("beschreiben") wird wie *écrire* konjugiert, d.h. mit Stammerweiterung in manchen Zeiten. Im *passé simple* zum Beispiel wird der Stamm durch Anfügen von *-iv* erweitert: *je lui décrivis.*

(19-20) Ich erzählte von meinen Eltern und meiner Schwester: Bei Nominalgruppen bzw. Nomen, die durch *et* beigeordnet sind, muss die Präposition *de* vor jeder Nominalgruppe wiederholt werden (RW § 336): *Je parlai de mes parents et de ma sœur.*

(21) Als wir ankamen und durch G. fuhren: Für die Wiedergabe der Konjunktion "als" bieten sich zwei Möglichkeiten an, entweder *lorsque* oder *quand*. Beide bezeichnen hier einen Zeitpunkt innerhalb des Handlungsgefüges und lösen deshalb das *passé simple* aus.

Das französische Verb *traverser* ist die übliche Übersetzung für alle verbalen Ausdrücke, die aus der Präposition "durch" und einem Bewegungsverb ("fahren, gehen, fließen") bestehen. Nicht *aller / rouler à travers G., passer par G.*

Zur Kommasetzung nach dem Nebensatz (RW § 13.2) siehe Anmerkung (7-8).

(21-22) spürte ich eine aufkommende Beklommenheit: Das Verb "spüren" kann hier nicht gleichermaßen mit *sentir* wie mit *ressentir* übersetzt werden: Während *sentir* den Sinn von "intuitiv bemerken" oder "riechen" hat, bezeichnet das Verb *ressentir* sowohl eine körperliche Wahrnehmung als auch das Wahrnehmen eines seelischen Vorgangs. Ferner unterscheiden sich beide Verben dadurch, dass sie nicht die gleichen Ergänzungen nach sich ziehen: *ressentir* kann nur mit einem direkten Objekt gebraucht werden; nach *sentir* hingegen kann entweder ein *que-Satz* (Objektsatz) oder ein Infinitivsatz stehen (RW § 257.5).

Das Partizip Präsens "aufkommend" kann im Französischen durch einen Relativsatz wiedergegeben werden (RW § 241.1): *qui naissait / montait en moi*. Die Ergänzung von *en moi* zu *monter* oder *naître* ist schon fast redensartlich. Um den Satzbau zu vereinfachen, bietet sich hier die Verwendung eines Infinitivsatzes nach *sentir* ohne einleitende Präposition *à* oder *de* an: *je sentis monter en moi*.

Das Substantiv "Beklommenheit" kann mit *l'angoisse, l'anxiété* (aber nicht mit *serrement de cœur* oder *oppression*) übersetzt werden.

(22) Um mich abzulenken: Das Verb *distraire* ist zwar die übliche Übersetzung für "ablenken", aber das reflexive Verb *se distraire* klingt wie "sich amüsieren". Daher muss das Verb "sich ablenken" im Französischen mit *pouvoir penser à autre chose* oder *se changer les idées* umschrieben werden.

Das Komma darf nach dem Infinitivsatz, der dem Hauptsatz vorausgeht, nicht vergessen werden (RW § 13.2).

(23) redete ich viel: Diese einsetzende Handlung ist die unmittelbare Folge des vorher gefassten Entschlusses der Ich-Erzählerin und wird im Französischen deshalb mit *passé simple* wiedergegeben.

Außer mit *beaucoup* kann das Adverb "viel" auch mit *abondamment* oder sogar *longtemps* (*beaucoup* als Zeitangabe) übersetzt werden.

Der fremde Freund: Das Adjektiv "fremd" heißt nicht *étrange* ("seltsam, komisch"), sondern *étranger* ("unbekannt").

Text Nr. 4

Claudia, médecin, retourne sur les lieux de son enfance avec son ami.

Ich lief durch die Stadt wie mit einer Tarnkappe[1] versehen: Ich sah und erkannte wieder, und keiner erkannte
mich. Ich war über fünfundzwanzig Jahre nicht mehr in G.
gewesen. Es schien nichts verändert, und ich wusste,
5 dass alles anders war, anders sein musste. Doch ich
würde die Veränderungen nicht bemerken. Für mich würde G. die Stadt eines zwölfjährigen Mädchens bleiben,
angefüllt mit den Hoffnungen und Schrecken eines Kindes, dem ich mich eigentümlich distanziert verbunden
10 fühlte.
Da wir kein Mittag essen wollten, kaufte ich in der Bäckerei am Markt Kuchen. Eine blonde junge Frau stand
hinter dem Ladentisch[2] und fragte sehr freundlich nach
meinen Wünschen. Die blonde Verkäuferin schlug mit
15 geschickten schnellen Bewegungen das Papier um meinen Kuchen zusammen. Ich fragte sie, ob die Chefin da
wäre und zu sprechen sei.
Einen Moment, sagte sie und klopfte an die kleine
Glasscheibe. Die Tür ging auf, und die Verkäuferin sagte
20 etwas, das ich nicht hören konnte. Dann erschien eine
fünfzigjährige, füllige Frau in der Tür. Ja, bitte, sagte sie.
Ich antwortete nicht. Sie blieb vor mir stehen. Haben Sie
einen Wunsch? Ich schüttelte den Kopf: Entschuldigen
Sie bitte, es war eine Verwechslung. Ich bezahlte, nahm
25 mein Kuchenpaket, und wir gingen hinaus.

Nach Christoph HEIN, *Der fremde Freund* (1982)

[1] die Tarnkappe: *la cape qui rend invisible*
[2] der Ladentisch: *le comptoir*

Je traversais la ville, comme si j'avais été recouverte de la cape[1] qui rend invisible[2]. Je regardais[3], je reconnaissais et personne ne me reconnaissait. Il y avait[4] plus de vingt-cinq ans que je n'étais plus retournée à G. Il me
5 semblait que rien n'avait changé[5], et je savais que tout était différent, qu'il fallait que tout soit[6] différent[7]. Je ne remarquerais pourtant pas ces changements. Pour moi, G. resterait la ville d'une fille[8] de douze ans, pleine[9] des espoirs et des craintes[10] d'une enfant à laquelle je me
10 sentais liée par une étrange distance.

Comme nous ne voulions pas déjeuner, j'achetai des gâteaux[11] dans la boulangerie-pâtisserie près du marché. Une jeune femme blonde[12] qui était[13] derrière le comptoir me demanda très gentiment[14] ce que je désirais. Avec
15 des gestes rapides et adroits[15], la vendeuse blonde replia le papier autour de mon gâteau[16]. Je lui demandai si la[17] patronne était là et si l'on pouvait[18] lui parler.

Un instant, dit-elle, et elle frappa à[19] la petite vitre. La porte s'ouvrit et la vendeuse dit quelque chose que je ne
20 pus entendre. Une femme corpulente, d'une cinquantaine d'années, apparut alors dans l'encadrement[20] de la porte[21]. Oui, s'il vous plaît, dit-elle. Je ne répondis pas. Elle s'arrêta[22] devant moi. Vous désirez ?[23] Je secouai la tête[24] : Excusez-moi[25], je vous ai confondue avec quel-
25 qu'un d'autre[26]. Je payai, pris le paquet avec mon gâteau[27], et nous sortîmes.

D'après Christoph HEIN, *L'Ami étranger* (1982)

Varianten

[1] capuche
[2] Je parcourais la ville à pied, comme si j'étais pourvue d'une cape rendant invisible.
[3] Je voyais
[4] Cela faisait
[5] Il semblait que rien n'ait changé / Rien ne semblait avoir changé
[6] fût
[7] que tout devait être différent
[8] gamine
[9] remplie
[10] des peurs / frayeurs / terreurs
[11] aux cheveux blonds
[12] du gâteau
[13] se trouvait
[14] aimablement
[15] gestes vifs et habiles
[16] enveloppa / emballa mon gâteau dans du papier
[17] sa
[18] si je pouvais
[19] contre
[20] l'embrasure
[21] Puis une femme de cinquante ans, assez forte, apparut à la porte.
[22] resta
[23] Désirez-vous quelque chose ?
[24] Je fis non de la tête.
[25] Je vous prie de m'excuser
[26] je me suis trompée
[27] mes gâteaux

Anmerkungen

Dans la première partie de ce texte de Christoph Hein, on peut remarquer un emploi particulier de l'imparfait. Cet imparfait dit narratif exprime un procès limité ne se produisant qu'une fois, mais il le montre en train de se produire. Les passés simples que l'on trouve par ailleurs forment la charpente du récit, ils notent les actions essentielles qui se détachent de la toile de fond. Le texte donne en outre un aperçu des différentes traductions de l'adjectif épithète allemand.

Zeiten: Die meisten Verben stehen im *passé simple*, da es für Ereignisse verwendet wird, die in ihrem Ablauf als zeitlich begrenzt angesehen werden, oder auch eine Handlungskette bilden: wollten (Z. 11), kaufte (Z. 11), fragte (Z. 13, 16), schlug zusammen (Z. 14-16), sagte (Z. 18, 19, 21), klopfte (Z. 18), ging auf (Z. 19), konnte (Z. 20), erschien (Z. 20), antwortete (Z. 22), blieb stehen (Z. 22), schüttelte (Z. 23), bezahlte (Z. 24), nahm (Z. 24), gingen hinaus (Z. 25).

Andere Verben stehen im *imparfait*: lief (Z. 1), sah (Z. 2), erkannte wieder (Z. 2), erkannte (Z. 2), schien (Z. 4), wusste (Z. 4), war (Z. 5), musste (Z. 5), fühlte (Z. 10), stand (Z. 12).

Stellung des attributiven Adjektivs: zwölfjährig (Z. 7), blond (Z. 12, 14), geschickt (Z. 15), schnell (Z. 15), fünfzigjährig (Z. 21), füllig (Z. 21).

(1) Ich lief durch die Stadt: Dieses Präteritum wird hier nicht mit *passé simple*, sondern mit *imparfait* wiedergegeben, weil die Begrenzung des zeitlichen Rahmens fehlt. Das Imperfekt kann nämlich auch zur Darstellung zeitlich begrenzter Ereignisse benutzt werden, wenn damit insbesondere konsekutiv ablaufende Ereignisse beschrieben werden. Dadurch wird die Spannung erhöht und dem Leser das Gefühl vermittelt, selbst dabei zu sein. Dieser besondere Gebrauch wird als *imparfait narratif* bezeichnet (RW § 197.1).

Das französische Verb *traverser* ist die übliche Übersetzung für alle verbalen Ausdrücke, die aus der Präposition "durch" und einem Bewegungsverb ("fahren, gehen, laufen, fließen, führen") bestehen. *Parcourir* ist auch möglich, so wie die Verben *marcher*, *déambuler*, *flâner*, die jedoch mit der Präposition *dans* (und nicht *à travers*) verwendet werden.

(1-2) wie mit einer Tarnkappe versehen: Das Partizip "versehen" kann man mit *muni*, *pourvu* oder *recouvert* übersetzen, die mit der Präposition *de* (und nicht mit *avec*) verwendet werden (RW § 325.11).

Eine wörtliche Übersetzung dieses elliptischen Satzteils ist hier nicht möglich. Statt dessen gebraucht man im Französischen einen Vergleichssatz, der mit *comme si* ("als wäre ich") eingeleitet wird. Auf *comme si* folgt im Französischen kein *subjonctif*, sondern Indikativ Imperfekt oder Plusquamperfekt (RW § 348): *comme si j'avais été recouverte de la cape ... / comme si j'étais pourvue de la cape ...* Möglich ist auch *comme si je portais la cape ...*

(2-3) Ich sah und erkannte wieder, und keiner erkannte mich: Die drei Verbformen im Präteritum geben den Grund an, weshalb die Ich-Erzählerin das Gefühl hat, eine Tarnkappe zu tragen. Sie sind mit der Konjunktion "und" verbunden und werden im Französischen mit dem gleichen Tempus, dem *imparfait*, wiedergegeben.

(3-4) Ich war über fünfundzwanzig Jahre nicht mehr in G. gewesen: Im Französischen kann man die Wendung "nicht mehr sein" nicht allein mit dem Verb *être* im Plusquamperfekt (*je n'avais plus été*) übersetzen. Diese Wendung gehört ausschließlich der Umgangssprache an (RW § 257.4). Dagegen benutzt man in der Standardsprache das Verb *retourner* (RW § 135.1): *je n'étais plus retournée*. Auch möglich ist die Umschreibung des ganzen Ausdrucks mit *j'avais quitté G.* Die Zeitangabe kann man zusätzlich durch *cela faisait* + Zeitangabe + *que*-Satz (RW § 361.2) oder durch *il y avait* + Zeitangabe + *que*-Satz hervorheben.

Die Präposition "über" in Verbindung mit Zahlenangaben bedeutet "mehr als" und wird nicht mit *sur* oder *au-dessus de,* sondern mit *plus de* übersetzt (RW § 173.1).

(4) Es schien nichts verändert: Hier bedeutet das Verb "verändern" *changer.* Dieser knappe Satz kann ins Französische wörtlich übersetzt werden, indem das unpersönliche Subjektpronomen *il* weggelassen wird und das Pronomen *rien* die Subjektfunktion übernimmt und vor das Verb gestellt wird (RW § 313.6): *Rien ne semblait changé.* Anstelle einer prädikativen Ergänzung kann auch ein Objektsatz nach dem Verb *sembler* stehen, wobei in diesem Fall eine zusammengesetzte Zeit gewählt werden muss. Das Verb *changer* wird mit dem Hilfsverb *avoir* verbunden (RW § 296.2). Während nach *il semble que* der *subjonctif* steht (*il semblait que rien n'ait changé*), folgt auf *il me semble que* der Indikativ (RW § 212.2): *il me semblait que rien n'avait changé.* Eleganter ist der Gebrauch eines Infinitivsatzes (RW § 257.1): *rien ne semblait avoir changé.*

(4-5) und ich wusste, dass alles anders war: Nicht *je sus,* weil *savoir* zu den Verben gehört, bei denen die Form des Imperfekts und des *passé simple* zwei verschiedenen deutschen Verben entspricht (RW § 200.4), etwa hier *je savais* (ich wusste) und *je sus* (ich erfuhr).

Man beachte die Verwendung eines Partizip Perfekt ("verändert") und eines Adjektivs ("anders") in zwei aufeinander folgenden Sätzen, d.h. auch im Französischen müssen zwei verschiedene Ausdrücke gefunden werden, zum Beispiel *différent* für das Adjektiv "anders".

(5) anders sein musste: Hier kann "müssen" entweder mit *il faut que* + Konjunktiv (RW § 210.2) oder *devoir* + Infinitivsatz (RW § 257.1) wiedergegeben werden: *il fallait que tout soit différent / tout devait être différent.*

(5-6) Doch ich würde die Veränderungen nicht bemerken: Der Konditional *(je ne remarquerais pas)* wird hier zum Ausdruck einer Annahme oder Möglichkeit (RW § 220.2) eingesetzt.

Für die Übersetzung des Substantivs "Veränderung" ins Französische bietet sich *changement* an, wenn man schon das Verb "verändern" mit *changer* übersetzt hat. Wo im Deutschen anstelle des bestimmten Artikels das Demonstrativadjektiv stehen könnte, muss hier *ce* vor dem Substantiv *changement* stehen (RW § 49): **ces changements.**

(7) die Stadt eines zwölfjährigen Mädchens: Die Nominalgruppe "zwölfjähriges Mädchen" wird mit *une fille* oder *une gamine de douze ans* wiedergegeben, wobei *gamine* der Umgangssprache angehört (RW § 100.1).

(8-9) angefüllt mit den Hoffnungen und Schrecken eines Kindes: Im Französischen gilt *enfant* für beide Geschlechter. Die formale Kennzeichnung des natürlichen Geschlechts erfolgt lexikalisch durch den entsprechenden Artikel *un* oder *une enfant* (RW § 17.5).

Der Ausdruck "angefüllt mit" kann mit *rempli de* oder *plein de (*und nicht *avec)* übersetzt werden (RW § 329.15).

Für die Wiedergabe von "Hoffnung" stehen die Substantive *espoir* und *espérance* zur Verfügung, wobei Letzteres eher ein philosophischer und religiöser Begriff ist und fast nur im Singular vorkommt.

Das Substantiv *effroi* ("Schrecken") muss hier ausgeschlossen werden, weil es nur im Singular gebraucht wird. Statt dessen kann man *des craintes, des peurs, des frayeurs* oder *des terreurs* verwenden.

(9-10) dem ich mich eigentümlich distanziert verbunden fühlte: Das Partizip Perfekt "verbunden" wird im Französischen mit *lié* übersetzt, das mit der Präposition *à* (und nicht mit *avec*) verwendet wird (RW § 325.11). Dieses Partizip wird nach dem Verb *se sentir* ("sich fühlen") prädikativ gebraucht (RW § 230.4) und richtet sich in Genus und Numerus nach dem Subjekt (RW § 368.1): *je me sentais liée.*

Der Falsche Freund "distanziert" heißt nicht *distancé*, sondern *distant*. Die Wendung "eigentümlich distanziert" kann man zwar wörtlich ins Französische übertragen (*d'une façon étrangement distante*), aber eine Umschreibung durch die Kombination aus einem Substantiv (*distance*) und einem Adjektiv (*étrange*) ist viel eleganter. Allerdings ist dann die Präposition *par* zur Angabe des Urhebers oder der Ursache erforderlich (RW § 331.5): *par une étrange distance*.

(11) Da wir kein Mittag essen wollten: Die Wendung "kein Mittag essen" kann im Französischen mit dem Verb *ne pas déjeuner* oder mit dem verbalen Ausdruck *ne rien manger à midi* wiedergegeben werden.

Die begründende Verknüpfung "da" wird hier mit der Konjunktion *comme* übersetzt, die immer am Satzanfang steht (RW § 344) und meist das *imparfait* auslöst: *comme nous ne voulions pas déjeuner*.

(11-12) kaufte ich in der Bäckerei am Markt Kuchen: In dieser Bäckerei kann man anscheinend nicht nur Brot, sondern auch Gebäck (*la pâtisserie*) kaufen. In zahlreichen französischen Städten wird eine solche Bäckerei *boulangerie-pâtisserie* genannt.

Die örtliche Präposition "an" muss, je nach Bedeutung, unterschiedlich ins Französische übersetzt werden: am Bahnhof (*à la gare*), am Markt (*près du marché*), Frankfurt am Main (*Francfort-sur-le-Main*), an die/der Wand (*contre le / au mur*), an der Universität (*à l'université*) usw. (RW § 324).

Das Fehlen des Artikels im Deutschen ("Kuchen") erfüllt meist die gleiche Funktion wie der französische Teilungsartikel: *du gâteau* (RW § 36.1). Auch möglich ist der unbestimmte Artikel (*des gâteaux*) zur Bezeichnung einer unbestimmten Menge zählbarer Dinge im Plural (RW § 35.1).

(12) Eine blonde junge Frau: Das Adjektiv *jeune* steht fast immer vor dem Substantiv (RW § 165), während alle Farbadjektive nachgestellt werden (RW § 167): *une jeune femme blonde*.

"Blond" kann ausführlicher auch mit *aux* cheveux blonds (und nicht mit *avec* des cheveux blonds) übersetzt werden. Die Präposition *à* steht nämlich vor Substantiven, die Körperteile oder Accessoires bezeichnen (RW §§ 33.5, 325.3).

(12-13) stand hinter dem Ladentisch und fragte sehr freundlich: Stellungsverben wie "sitzen, liegen, stehen" gehören zu den durativen Verben, d.h. sie kennzeichnen einen Zustand ohne zeitliche Begrenzung als andauernd. Daher wird "stand" mit dem *imparfait* wiedergegeben. "fragte" hingegen muss als einmalige Handlung mit dem *passé simple* übersetzt werden.

Im Deutschen stehen hier zwei Verbformen im Präteritum ("stand" und "fragte"), verbunden durch "und". Im Französischen dagegen können zwei unterschiedliche Vergangenheitsformen nicht mit *et* verbunden werden. Man kann aber die Hintergrundhandlung durch einen Relativsatz im *imparfait* ausdrücken: *Une jeune femme blonde qui était derrière le comptoir me demanda ...*

Da Stellungsverben meistens durch Adjektive (*assis, couché*) oder Adverbien (*debout*) übersetzt werden können (RW § 171.1), ist auch eine prädikative Ergänzung möglich: *Une jeune femme blonde debout derrière le comptoir me demanda ...*

Das Adverb "freundlich" heißt *gentiment* oder *aimablement* und nicht *amicalement* ("freundschaftlich").

(13-14) und fragte ... nach meinen Wünschen: Dieser Satzteil wird nicht mit *me demanda mes désirs / souhaits / vœux,* sondern mit einer indirekten Teilfrage wiedergegeben, die durch das neutrale Relativpronomen *ce que* eingeleitet wird (RW § 151): *me demanda ce que je désirais / souhaitais / voulais.*

(14-16) schlug ... das Papier um meinen Kuchen zusammen: Das Verb "zusammenschlagen" im Sinne von "zusammenlegen, falten" wird hier mit *replier* übersetzt. Möglich ist auch eine Umschreibung mit *envelopper* oder *emballer.*

(14-15) mit geschickten schnellen Bewegungen: Die Präpositionalgruppe "mit Bewegungen" kann mit *avec des mouvements* oder *avec des gestes* übersetzt werden (RW § 326.1). Außerdem muss auf die Reihenfolge der Adjektive geachtet werden: Würden zwei Adjektive einzeln nach dem Substantiv stehen, so stehen sie auch gemeinsam danach, aber durch die Konjunktion *et* verbunden (RW § 170): *avec des gestes rapides et adroits.*

(16-17) Ich fragte sie, ob die Chefin da wäre: Das Verb *demander* gehört zu den Verben, die im Gegensatz zum Deutschen mit einem indirekten Objekt verbunden werden (RW § 284): *je lui demandai.*

40

Für die Wiedergabe von "Chefin" ist zwischen *la patronne* (Arbeitgeberin) oder *la chef* zu wählen, wobei *chef* sich wie Vorgesetzte in einer Abteilung eines größeren Unternehmens anhört. Interessant ist hier der Gebrauch des Konditionals, welcher der indirekten Frage eine höflichere Form verleiht. Im Französischen erfordert die indirekte Rede das *imparfait*: *si la patronne était là.*

(17) und zu sprechen sei: Bei der Umsetzung der direkten in die indirekte Frage ist hier folgende Regel der Zeitenfolge zu beachten: Weil das einleitende Verb "fragte" in der Vergangenheit steht, folgt im Nebensatz das *imparfait* (RW § 372).

Dieser modale Infinitiv (Konstruktion aus "zu + Infinitiv + sein") ist eine Form des Passivs und bedeutet "ob man sie sprechen konnte", wird aber nicht wörtlich (*si elle était à parler*), sondern durch eine Konstruktion mit *on* übersetzt (RW § 231). Da deshalb das Subjekt in den beiden indirekten Fragen nicht mehr identisch ist, muss die Konjunktion *si* wiederholt werden. In gewählter Sprache wird nach *et, où, ou, que* und *si* die Form *l'on* verwendet (RW § 96): *si l'on pouvait lui parler.*

(18) Einen Moment, sagte sie und klopfte: Nach der Inversion des Subjekts (*dit-elle*) in dem eingeschobenen Satz muss das Subjektpronomen *elle* im folgenden Satzteil unbedingt wiederholt werden: *Un instant, dit-elle, et **elle** frappa...*

(18-19) klopfte an die kleine Glasscheibe: Das Verb "klopfen" in Verbindung mit der Präposition "an" wird hier mit *frapper à* oder mit *frapper contre* (und nicht mit *battre, claquer* oder *taper*) übersetzt.

(19) Die Tür ging auf: Das Verb *s'ouvrir* ("aufgehen") gehört zu den Verben, die im Gegensatz zum Deutschen reflexiv gebraucht werden.

(19-20) und die Verkäuferin sagte etwas, das ich nicht hören konnte: Beide Verbformen stehen im Französischen im *passé simple*, weil beide Handlungen fast gleichzeitig verlaufen. Auch wenn "hören" im Relativsatz steht, geht es dabei nicht um eine Hintergrundhandlung.

(20-21) Dann erschien ... in der Tür: Die deutsche Präposition "in" wird hier nicht durch *dans*, sondern durch *à* wiedergegeben: *apparaître à la porte.* Das Erscheinen im Türrahmen kann mit *dans l'encadrement de la porte* besonders betont werden (nicht *cadre*, was dem deutschen "Bilderrahmen" entspricht).

(20-21) eine fünfzigjährige, füllige Frau: Die Altersangabe wird im Französischen nicht mit *à l'âge de cinquante ans* ("mit fünfzig Jahren"), sondern mir einer Kollektivzahl wiedergegeben (RW § 110): *d'une cinquantaine d'années.*

Das Adjektiv "füllig" bezieht sich hier auf die Figur und weist auf volle, rundliche Formen hin, was im Französischen durch *corpulent* ("füllig"), *rondelet* ("mollig, pummelig"), *plantureux* ("üppig"), *assez fort* ("ziemlich stark") oder *bien en chair* ("rundlich") übersetzt werden kann.

(22) Sie blieb vor mir stehen: Das Verb "stehen bleiben" wird im Französischen mit einem reflexiven Verb wiedergegeben (RW §§ 270, 277.2), das hier im *passé simple* steht: *elle s'arrêta devant moi.*

(22-23) Haben Sie einen Wunsch?: Diese direkte Frage wird im Französischen mit einer Inversionsfrage (RW § 353.1) übersetzt, etwa mit *Désirez-vous quelque chose ?* oder *Vous désirez ?*

(23) Ich schüttelte den Kopf: Wie im Deutschen erfordert das Verb *secouer* ("schütteln") den bestimmten Artikel: *je secouai la tête. Faire non de la tête* ist auch eine geläufige Redewendung, die hier nicht unangebracht wäre: *je fis non de la tête.*

(24) es war eine Verwechslung: "Verwechslung" heißt zwar *la confusion* oder *le quiproquo.* Allerdings ist bei der Wiedergabe deutscher Substantive auf -ung häufig eine Umschreibung durch eine Verbalkonstruktion im *passé composé* eleganter als die wörtliche Übersetzung des Substantivs: *j'ai confondu, je me suis trompée.*

(24-25) nahm mein Kuchenpaket: Man beachte, dass die wörtliche Übersetzung *paquet de gâteaux* (eine Packung Gebäck) nicht dem entspricht, was im Deutschen ein Kuchenpaket ist. Es muss also mit *paquet avec mon gâteau* umschrieben werden.

(25) und wir gingen hinaus: "hinaus" bedarf keiner Übersetzung, also kein *en.* Das Verb "hinausgehen" wird allein mit dem Verb *sortir* übersetzt.

Der fremde Freund: Das Adjektiv "fremd" heißt nicht *étrange* ("seltsam, komisch"), sondern *étranger* ("unbekannt").

Text Nr. 5

Dans le Berlin en chantier des années 1990, Willenbrock, un ancien ingénieur de RDA, s'est reconverti
dans le commerce de voitures d'occasion.

Am Nachmittag sagte Willenbrock, dass er für ein
paar Stunden unterwegs sei. Er fuhr zur Bank, um Geld
einzuzahlen und Überweisungen[1] zu veranlassen, dann
setzte er sich in sein Auto, drehte den Rückspiegel[2] zu
5   sich und betrachtete prüfend sein Gesicht. Aus dem
Handschuhfach[3] nahm er einen kleinen Rasierapparat
heraus, rasierte sich, wobei er in den Spiegel sah und mit
den Fingern sein Gesicht abtastete. Er verstaute den Apparat, kramte dann ein Aftershave[4] hervor und betupfte
10   sich[5] damit. Zwanzig Minuten später parkte er den Wagen
vor einem Friseurgeschäft in der Nähe des Lehrter Güter-
bahnhofs[6]. Er ging hinein und blieb hinter der Tür stehen.
Es war ein Damensalon, und die Friseusen und Kundinnen musterten ihn verwundert. Eine dicke Frau mit blond-
15   gefärbten, hochtoupierten[7] Haaren, die hinter der Kasse
saß, fragte nach seinen Wünschen. Er sagte, dass er
Frau Lohr suchte. (…)
    Er klopfte kurz an die Tür zum Nachbarzimmer und
trat ein. Der Raum war mit weißen Tüchern[8], die von De-
20   ckenstangen[9] herabhingen, mehrfach unterteilt, so dass
ein kleiner Empfang und drei winzige Kabinen entstanden
waren. Es war still in dem Raum und niemand zu sehen,
aber Willenbrock spürte, dass jemand im Zimmer war.
Eine Stimme fragte, wer gekommen sei. Willenbrock ant-
25   wortete nicht, sondern räusperte sich nur.

Nach Christoph HEIN, *Willenbrock* (2000)

[1] die Überweisung: *le virement*
[2] der Rückspiegel: *le rétroviseur*
[3] das Handschuhfach: *la boîte à gants*
[4] das Aftershave: *l'after-shave* (m.)
[5] sich betupfen: *s'asperger*
[6] der Lehrter Güterbahnhof: *la gare de marchandises de Lehrte*
[7] hochtoupiert: *crêpé*
[8] (ici) *des rideaux*
[9] die Stangen: (ici) *les tringles*

L'après-midi, Willenbrock annonça[1] qu'il s'absentait pour plusieurs[2] heures[3]. Il se rendit[4] à la banque (en voiture) pour y déposer de l'argent[5] et effectuer des virements[6], puis il s'assit[7] dans sa voiture, orienta[8] le rétrovi-
5   seur vers lui[9] et examina attentivement son visage. Il sortit de la boîte à gants un petit rasoir[10], se rasa tout en (se) regardant dans la glace[11] et en tapotant[12] son visage avec les doigts. Il remit le rasoir à sa place[13], fouilla à la recherche d'un[14] (flacon d')after-shave dont il s'aspergea[15]. Vingt
10 minutes plus tard, il se gara devant un salon de coiffure non loin[16] de la gare de marchandises de Lehrte. Il entra et s'arrêta sur le seuil de la porte[17]. C'était un salon (de coiffure) pour dames ; les coiffeuses et leurs clientes le dévisagèrent, étonnées[18]. Une femme corpulente[19] aux
15 cheveux teints en blond et (abondamment) crêpés, (qui était) assise derrière la caisse, lui demanda ce qu'il voulait[20]. Il (lui) répondit[21] qu'il cherchait Mme Lohr. (…)

Il frappa brièvement[22] à la porte de la pièce voisine[23] et entra. Des rideaux blancs accrochés à des tringles fixées
20 au plafond partageaient le local en un petit hall d'entrée et trois minuscules cabines[24]. Le silence régnait dans le local[25], on ne voyait personne, mais Willenbrock sentit une présence dans la pièce[26]. Une voix demanda qui était là[27]. Willenbrock, au lieu de répondre, toussota seulement[28].

D'après Christoph HEIN, *Willenbrock* (2000)

Varianten

[1] dit

[2] quelques

[3] qu'il ne serait pas là / qu'il s'absenterait pendant plusieurs heures

[4] alla

[5] pour déposer de l'argent sur son compte

[6] donner des ordres de virement

[7] s'installa

[8] tourna

[9] dans sa direction

[10] Il prit un petit rasoir électrique dans la boîte à gants

[11] le miroir

[12] palpant / tâtant

[13] Il rangea le rasoir

[14] fouilla pour trouver un

[15] et il s'en aspergea

[16] près / à proximité

[17] s'immobilisa derrière la porte

[18] le regardèrent de la tête aux pieds avec étonnement

[19] forte

[20] souhaitait / désirait

[21] dit

[22] légèrement / doucement

[23] de la pièce d'à côté

[24] Le local était plusieurs fois subdivisé à l'aide de rideaux blancs qui étaient attachés à des tringles fixées au plafond, de sorte qu'avaient été créées une petite réception et trois minuscules cabines.

[25] 1°: Tout était calme / silencieux dans le local 2°: Dans le local, il n'y avait aucun bruit

[26] eut le sentiment qu'il y avait quelqu'un dans la pièce

[27] qui était arrivé

[28] Willenbrock ne répondit pas mais s'éclaircit seulement la voix / se racla seulement la gorge.

Anmerkungen

Le texte de Christoph Hein ne présente pas de difficultés particulières. Seul le temps du récit pourrait poser des problèmes, car le texte étant écrit au prétérit, il faut choisir en français entre imparfait et passé simple. Il faudra aussi faire attention à la concordance des temps qui fonctionne différemment dans les deux langues.

Avant toute chose, il faut lire plusieurs fois le texte dans son ensemble, le relire ensuite phrase par phrase, le crayon à la main, en repérant tous les marqueurs temporels annonçant des faits ponctuels, ainsi que les verbes au subjonctif I, mode qui indique le passage au discours indirect.

Zeiten: Die meisten Verben stehen im *passé simple*, da es für Ereignisse verwendet wird, die in ihrem Ablauf als zeitlich begrenzt angesehen werden oder eine Handlungskette bilden: sagte (Z. 1), fuhr (Z. 2), setzte sich (Z. 4), drehte (Z. 4), betrachtete (Z. 5), nahm (Z. 6), rasierte sich (Z. 7), sah (Z. 7), abtastete (Z. 8), verstaute (Z. 8), kramte hervor (Z. 9), betupfte sich (Z. 9-10), parkte (Z. 10), ging hinein (Z. 12), blieb (Z. 12), musterten (Z. 14), fragte (Z. 16), sagte (Z. 16), klopfte (Z. 18), trat ein (Z. 19), spürte (Z. 23), fragte (Z. 24), antwortete (Z. 25), räusperte sich (Z. 25).

Ein paar Verben stehen im *imparfait*, weil sie einen Zustand beschreiben und daher als Begleitumstände gelten: war (Z. 13, 19, 22, 23), saß (Z. 16), herabhingen (Z. 20).

(1) Am Nachmittag: Diese Zeitangabe wird im Französischen ohne Präposition verwendet: *l'après-midi.* Aber sobald sie näher bestimmt wird, muss die Präposition *par* stehen: *par un bel après-midi d'été* (RW §§ 331, 335). Anders als im Deutschen wird im Französischen ein Komma nach einer einleitenden Adverbialergänzung gesetzt (RW § 13.2): *L'après-midi,...*

(2) unterwegs sei: Hier ist die Zeitenfolge zu beachten: Entweder setzt man *s'absenter* ins *imparfait* oder man benutzt für *ne pas être là* und *s'absenter conditionnel présent*, weil *futur simple* im Nebensatz zu *conditionnel présent* wird, da das einleitende Verb "sagte" in der Vergangenheit steht (RW § 370.2).

(2) fuhr zur Bank: Das Verb "fahren" wird hier mit *aller* (und nicht mit *rouler* oder *conduire*) übersetzt. In Verbindung mit diesem Verb tritt meist die Präposition *à* ("zu") vor einer bestimmten Einrichtung auf (RW § 325.1): *aller à la banque, à l'école, à la poste ...*

(2-3) um Geld einzuzahlen: Vor einem nicht zählbaren Substantiv wie *argent* muss der Teilungsartikel stehen (RW § 36.1): *de l'argent.* Die Wendung "Geld einzahlen" heißt *déposer de l'argent.* Das Verb *encaisser* wäre hier falsch, da es " einen Scheck einlösen" heißt.

(3) und Überweisungen zu veranlassen: Die Übersetzung mit *laisser faire des virements* ist hier falsch. Das Modalverb "lassen" kann im Französischen mit *laisser faire* ("zulassen") oder *faire faire, faire en sorte que* ("veranlassen") wiedergegeben werden (RW § 264.4). Hier passt das Verb *effectuer* am besten.

(3-4) dann setzte er sich in sein Auto: Das Verb "sich setzen" wird hier wörtlich übersetzt: *puis il s'assit* (und nicht *se mit*) *dans sa voiture.* Das Verb *mettre* ist nur in bestimmten Redewendungen gebräuchlich: *se mettre de côté, se mettre en colère, se mettre dans tous ses états ...*

(4-5) drehte den Rückspiegel zu sich: Hier geht es um den Gebrauch des unverbundenen Reflexivpronomens *soi* für die unbestimmte 3. Person (*chacun pour soi, rentrer chez soi ...*). Wenn das Subjekt bestimmt ist, stehen *lui, elle, eux, elles* (RW § 142.2).

(5) und betrachtete prüfend sein Gesicht: Das Verb "betrachten" kann hier durch *regarder*, und nicht durch *contempler* übersetzt werden.

Das Adverb "prüfend" heißt nicht *critiquement*, weil dieses Adverb nicht existiert. Die Idee der Prüfung (*examen*) wird bereits durch das Verb *examiner* wiedergegeben. Es ist durchaus möglich, dieses Verb durch das Adverb *attentivement* zu ergänzen, um den deutschen Text voll auszuschöpfen. Der Gebrauch des Verbs *scruter* ist auch möglich.

Das Substantiv *figure* ist nur in folgenden Redewendungen gebräuchlich: *se laver / s'essuyer la figure, recevoir un coup de poing dans la figure, sa figure s'éclaire, une figure familière, faire une figure d'enterrement ...* In allen anderen Fällen wird "Gesicht" durch *visage* übersetzt: *et examina attentivement son visage.* Man beachte das Genus von *visage*!

(5-7) Aus dem Handschuhfach nahm er ... heraus: Die Präposition "aus" wird hier durch *dans* und nicht durch *de* ausgedrückt. Bei Verben des "Entnehmens" wie *prendre* oder *découper* bezeichnen die Präpositionen *dans* oder *sur* nicht die Herkunftsrichtung wie im Deutschen, sondern die Lage vor der Entnahme (RW § 328.1). Eleganter ist der Gebrauch von *sortir de*: *Il sortit de la boîte à gants ...* Möglich ist allenfalls: *tirer de.*

(7-8) wobei er in den Spiegel sah und mit den Fingern sein Gesicht abtastete: Die feste Redewendung für "in den Spiegel sehen" lautet: *regarder* (und nicht *voir*) *dans la glace / le miroir.*

Das Verb "abtasten" heißt "tastend befühlen, um nach etwas zu suchen", also nicht *tâtonner*, *taper* oder *palpiter*, sondern *tâter*, *tapoter* oder *palper*. Den verbalen Ausdruck "sein Gesicht abtastete" sollte man entweder mit *se tâter le visage* oder mit *tâter son visage* übersetzen.

Das Adverb "wobei" hat hier den Sinne von "währenddessen" und wird am besten durch das *gérondif* wiedergegeben. Die Gleichzeitigkeit kann durch *tout* verstärkt werden (RW § 254.1): *se rasa tout en (se) regardant dans la glace et en tapotant son visage avec les doigts*. Ebenso möglich ist der Gebrauch der Konjunktion *pendant que*, die das *imparfait* auslöst: *se rasa pendant qu'il (se) regardait dans la glace et qu'il tapotait son visage avec les doigts*. Möglich wäre auch: *et, en faisant cela, il (se) regarda dans la glace et tapota son visage avec les doigts*.

(8-9) den Apparat: Das Substantiv *l'appareil* wäre zu einfach, da "der Rasierapparat" gemeint ist. Daher muss hier *rasoir* stehen.

(9) kramte ... hervor: Das Verb "hervorkramen" heißt "durch Kramen finden und herausholen", was man im Französischen nicht durch ein einfaches Verb, sondern mit zwei Verben (*fouilla pour trouver*) oder einer Umschreibung (*fouiller à la recherche de*) wiedergeben kann.

(9-10) und betupfte sich damit: Das Pronominaladverb "damit" ist entweder durch das Pronominaladverb *en* (RW § 134.2) oder durch einen Relativsatz mit *dont* zu übersetzen: *et il s'en aspergea / dont il s'aspergea*.

(10) Zwanzig Minuten später: Diese adverbiale Bestimmung wird durch ein Komma vom Satz getrennt, weil sie am Satzanfang steht (RW § 13.2).

(10) parkte er den Wagen: Nicht *stationner la voiture*. Das Verb *stationner* wird nur im Sinne von *La voiture est stationnée* verwendet. Im Sinne von "einparken" wird *se garer* ("er parkt gerade": *il est en train de se garer*) oder *garer* ("er parkt den Wagen": *il gare la voiture*) verwendet (RW § 270).

(11) vor einem Friseurgeschäft: Das zusammengesetzte Wort "Friseurgeschäft" wird nicht mit *magasin de coiffeurs*, sondern mit *salon de coiffure* übersetzt. Der Satz *il se gara devant un coiffeur* trifft den Sinn des Textes nicht.

(12) Er ging hinein: Das Adverb "hinein" bedarf keiner Übersetzung, also nicht *il y entra,* sondern *il entra.* Allenfalls: *il alla à l'intérieur.*

(13) Es war ein Damensalon: Das Demonstrativpronomen *ce* wird hier als neutrales Subjekt vor *être* + Substantiv gebraucht (RW § 54.1): *c'était* (und nicht *il était*).
Im Französischen wird "Damensalon" mit einem festen Begriff wiedergegeben: *salon (de coiffure) pour dames / femmes.* Verbindungen wie *salon de dames, salon des dames, salon aux dames, coiffeur féminin, salon de femmes, coiffeur de dames* sind hier unangebracht.

(14) musterten ihn verwundert: Das Verb "mustern" bedeutet eigentlich "gründlich, kritisch, prüfend ansehen, betrachten". Daher die Übersetzung mit *examiner* wie oben, siehe Anmerkung (5).
Entweder macht man aus dem Partizip "verwundert" eine Apposition (*étonnées*), die durch ein Komma vom Bezugswort ("Friseusen und Kundinnen") abgetrennt wird, oder es wird mit einer adverbialen Bestimmung (*avec étonnement*) umschrieben. Nicht *d'une façon / manière étonnée,* sondern *d'un air étonné* (RW § 307.2).

(14-15) Eine dicke Frau mit blondgefärbten ... Haaren: Nicht *une femme grosse.* Adjektive wie *petit, grand, gros, bon, beau* werden fast immer vorangestellt (RW § 165.1).
Die Präposition "mit" in Verbindung mit "Haaren" wird durch *à* und nicht durch *avec* übersetzt: *une grosse femme **aux** cheveux ...* Die Präposition *à* steht vor Nomen, die Körperteile oder Accessoires bezeichnen, wie z.B. in *Berthe au long pied, l'homme au chapeau* (RW § 325.3).
Das zusammengesetzte Adjektiv "blondgefärbt" wird nicht mit *coloriés* ("ausgemalt") *en blond,* sondern mit *colorés* oder besser *teints en blond* wiedergegeben.

(15) hinter der Kasse: Das Substantiv "Kasse" heißt hier *caisse,* und nicht *guichet* ("Vorverkaufskasse") oder *comptoir* ("Theke"), das nicht auf einen Friseursalon, sondern auf eine Kneipe hinweist.

(16) fragte nach seinen Wünschen: Dieser Satzteil wird nicht mit *lui demanda ses désirs / souhaits / vœux,* sondern mit einer indirekten Teilfrage wiedergegeben, die durch das neutrale Relativpronomen *ce que* eingeleitet wird (RW § 151): *lui demanda ce qu'il désirait / souhaitait / voulait.*

(17) suchte: Laut Zeitenfolge muss hier *imparfait* im Nebensatz stehen, da das einleitende Verb "fragte" in der Vergangenheit steht (RW § 370.2).

(18) klopfen: Das Verb "klopfen" in Verbindung mit der Präposition "an" wird hier mit *frapper à* oder mit *frapper contre* (und nicht mit *battre*, *cogner* oder *taper*) übersetzt.

(18) kurz: Für die Wiedergabe von "kurz" im Französischen eignet sich die vom Adjektiv *bref* abgeleitete Sonderform *brièvement* am besten (RW § 302.5). Umschreibungen wie *de façon / de manière brève* sollen gemieden werden. Zudem existiert das Adverb *courtement* nicht.

(18) die Tür zum Nachbarzimmer: Die Präposition "zu" wird mit Präpositionen wie *à* oder *vers* nicht ausreichend übersetzt. Am besten ist ein einfacher Genitiv (*la porte de la pièce voisine*), aber die Erweiterung der Nominalgruppe durch einen Relativsatz (*qui menait à*) oder eine Partizipialkonstruktion (*menant à*) sind auch möglich.

(18-19) Das Nachbarzimmer / der Raum: Nur "das Zimmer" im Sinne vom "Schlafzimmer" heißt *la chambre*. "Zimmer" und "Raum" heißen einfach *la pièce*. Um Wiederholungen zu vermeiden, muss man an eine andere Übersetzung für "Raum" denken, etwa *le local*.

(19) mit weißen Tüchern: Alle Farbadjektive werden nachgestellt (RW § 167): *avec des rideaux blancs*.

(20) Deckenstangen: Nicht *tringles de plafond*, weil "Deckenstange" kein fester Begriff ist. Für die Übersetzung dieses Wortes ins Französische ist es hilfreich, ein anderes zusammengesetztes Wort mit *plafond* ("Deckenbeleuchtung": *éclairage fixé au plafond*) zum Vergleich heranzuziehen. Nach diesem Modell kann man das Wort "Deckenstangen" mit *tringles fixées au plafond* wiedergeben.

(20-22) so dass ... entstanden waren: Die Konjunktionen *de sorte que, de façon que, de manière que* leiten einen Folgesatz ein und lösen den Indikativ aus. Drücken diese Konjunktionen die gewünschte, beabsichtigte Folge oder Wirkung aus, so stehen sie mit Konjunktiv (RW § 346).

(21) ein kleiner Empfang: Das Substantiv *accueil* verweist auf einen "Raum in einem Hotel, wo sich die Gäste anmelden". *Hall d'entrée* klingt eher wie "Empfangshalle".

(22) Es war still in dem Raum: Nicht *il était silencieux dans la pièce.* "Es ist still" heißt zwar *c'est calme*, aber der Satz "es ist still im Haus" muss wegen der Ortsangabe durch *le silence règne dans la maison* umschrieben werden.

(22-23) und niemand zu sehen: Nicht *personne n'était à voir.* Der modale Infinitiv (Konstruktion aus "sein + Infinitiv") ist eine Form des Passivs und bedeutet "niemand konnte gesehen werden", wird aber nicht wörtlich übersetzt, sondern durch *on ne voyait personne* ausgedrückt.

(23) spürte, dass: Das Verb "spüren" wird hier nicht mit *ressentir* ("fühlen", "Schmerz spüren"), sondern mit *sentir* übersetzt, das eigentlich "merken" oder "intuitiv bemerken" heißt.

(23-24) jemand im Zimmer war: Anstatt diesen Satz mit *quelqu'un était dans la pièce* wiederzugeben, muss er mit *il y avait* oder mit der Nominalgruppe *une présence* umschrieben werden: *mais Willenbrock sentit qu'il y avait quelqu'un / sentit une présence dans la pièce.*

(24) wer gekommen sei: Bei dieser Umsetzung von der direkten in die indirekte Frage ist folgende Regel der Zeitenfolge zu beachten: *Imparfait* muss im Nebensatz stehen, weil das einleitende Verb "fragte" in der Vergangenheit steht (RW § 372). Für die Wiedergabe dieser Teilfrage "wer gekommen sei" eignet sich *qui était là* am besten, und nicht *qui était venu* oder *qui était arrivé*.

(25) räusperte sich: Das Verb "sich räuspern" wird nicht mit *tousser* ("husten"), sondern mit *toussoter* oder *se racler la gorge* übersetzt.

(25) nur: Das Adverb "nur" in Verbindung mit dem Verb "sich räuspern" kann hier nicht mit der Verbalperiphrase *ne fit que toussoter* wiedergegeben werden, weil *ne faire que* + Infinitiv "nichts anderes tun als" heißt (RW §§ 307.5, 323.4).

Varianten

[1] Je restai dans le vestibule et écoutai.
[2] toussotai
[3] s'écrasa contre la vitre
[4] soigneusement pliées
[5] cuillers
[6] des revues vieilles de vingt ans
[7] retournai
[8] quand il était jeune
[9] Cela
[10] Derrière la porte suivante, il y avait la cuisine
[11] on m'avait accueilli hier
[12] et tâtonnai pour chercher l'interrupteur
[13] Lorsque je me fus habitué à la luminosité
[14] je réalisai / je me rendis compte que je me trouvais

Anmerkungen

Le texte de Daniel Kehlmann nous décrit la première incursion du narrateur dans la maison du peintre Kaminski. A la recherche d'un scoop, il procède à un véritable inventaire et fait des découvertes d'une incroyable banalité pour finalement se retrouver dans l'atelier de l'artiste. Il faut donc veiller à respecter le style de l'auteur en conservant ses phrases elliptiques qui font tout l'effet de suspense du texte.

Zeiten: Einige Verben stehen im *passé simple*, da es für Ereignisse verwendet wird, die in ihrem Ablauf als zeitlich begrenzt angesehen werden, oder eine Handlungskette bilden: horchte (Z. 1), räusperte mich (Z. 3), ging (Z. 5, 13), öffnete (Z. 7, 15), nahm (Z. 22), tastete (Z. 22), machte (Z. 23), kniff zusammen (Z. 23-24), wurde klar (Z. 25).

Die meisten Verben stehen im *imparfait*, das Begleitumstände von Ereignissen in der Vergangenheit beschreibt. Es übermittelt Hintergrundinformationen und dient so im Besonderen zur Beschreibung von Personen, Zuständen, Orten und Gewohnheiten: stand (Z. 1, 25), war (Z. 1, 6, 19), klang (Z. 4), waren (Z. 5, 15), schlug (Z. 6), widersetzte sich (Z. 12), musste (Z. 18), kam (Z. 19).

Zusammengesetzte Wörter: Das Französische und das Deutsche unterscheiden sich in der Verwendung von Komposita teilweise deutlich. Einem zusammengesetzten deutschen Wort steht bisweilen im Französischen ebenfalls ein Kompositum gegenüber, manchmal aber auch eine Konstruktion mit Relativsatz oder ein einfaches Wort (Simplex): Eingangstür (Z. 2), Esszimmer (Z. 2, 5), Treppenaufgang (Z. 2-3), Tischdecken (Z. 8), Marienbild (Z. 17), Treppenabgang (Z. 21), Lichtschalter (Z. 22-23).

(1) Ich stand im Flur und horchte: Für die Wiedergabe von "Flur" kann man zwischen *couloir* oder *vestibule* wählen. Das Verb "horchen" wird allein durch *écouter* oder durch den verbalen Ausdruck *tendre l'oreille* ("aufmerksam, angestrengt hören, lauschen") übersetzt.

Stellungsverben wie "sitzen, liegen, stehen" gehören zu den durativen Verben, d.h. sie kennzeichnen einen Zustand ohne zeitliche Begrenzung als andauernd. Daher wird "stand" mit dem *imparfait* wiedergegeben. "horchte" hingegen muss als einmalige Handlung mit dem *passé simple* übersetzt werden. Soweit die Theorie.

Im Deutschen stehen hier aber zwei Verbformen im Präteritum ("stand" "horchte"), verbunden durch "und". Im Französischen dagegen können zwei unterschiedliche Vergangenheitsformen nicht mit *et* verbunden werden. Man kann aber die Hintergrundhandlung ("stand") in einen Vorgang im *passé simple* umwandeln und somit beide Verbformen durch *et* verbinden: *Je restai dans le couloir et écoutai*. Da Stellungsverben in diesem Fall meistens durch eine Konstruktion mit Adjektiv (*assis, couché*) oder Adverb (*debout*) übersetzt werden können (RW § 171.1), ist auch eine prädikative Ergänzung möglich: *Debout dans le vestibule, je tendis l'oreille.*

(1-2) Links von mir war die Eingangstür, rechts das Esszimmer: Die adverbiale Bestimmung "links von etwas" heißt zwar im Französischen *à gauche de quelque chose* (RW § 324), aber in Verbindung mit einem Personalpronomen wird sie nicht mit *à gauche de moi*, sondern mit *à ma gauche* übersetzt. Diese adverbiale Bestimmung wird durch ein Komma vom Satz getrennt, weil sie am Satzanfang steht (RW § 13.2).

Die beiden zusammengesetzten Wörter "Eingangstür" und "Esszimmer" werden im Französischen durch Wortbildungen mit Präposition wiedergegeben: Aus "Eingangstür" wird ein Kompositum nach dem Schema Substantiv + Präposition *de* + Substantiv gebildet (RW § 378.1): *porte d'entrée*. "Esszimmer" wird zu Substantiv + Präposition *à* + Verb (RW § 378.1): *salle à manger*.

Ein Substantiv, dessen Stellung im Raum angegeben wird, kann mit der zugehörigen Ortsbestimmung entweder durch *être* oder *il y a* verbunden werden (KK 264). Beginnt der Satz mit der Ortsbestimmung, so folgt *il y a*, dann das Substantiv: *A ma gauche, il y avait la porte d'entrée*. Steht das Substantiv zuerst, dann folgt *être*: *La porte d'entrée était à ma gauche*. Nicht *A ma gauche était la porte d'entrée*.

(2-3) vor mir der Treppenaufgang zum ersten Stock: Das zusammengesetzte Wort "Treppenaufgang" bedeutet eigentlich "*cage d'escalier*". Dadurch, dass hier die Richtung durch die Präpositionalgruppe "zum ersten Stock" angegeben wird, kann man "Treppenaufgang" allein mit *escalier* übersetzen. Die Präposition "zu" wird mit Präpositionen wie *à* oder *vers* nicht ausreichend wiedergegeben. Hier ist eine Erweiterung der Nominalgruppe durch einen Relativsatz (*qui montait à*) oder eine Partizipialkonstruktion (*montant à*) erforderlich. Man beachte das vom Deutschen abweichende Genus von *étage*: *l'escalier qui montait / montant au premier étage*.

(3) Ich räusperte mich: Das Verb "sich räuspern" wird nicht mit *tousser* ("husten"), sondern mit *toussoter* oder *se racler la gorge* übersetzt.

(3-4) meine Stimme klang merkwürdig in der Stille: Die Wendung "klang merkwürdig" kann man nicht wörtlich (*sonnait étrangement*) ins Französische übertragen. Statt *sonner* ("läuten, klingeln, blasen") benutzt man *résonner* ("hallen"): *ma voix résonnait étrangement*. Der ganze Ausdruck kann auch umschrieben werden, indem das Verb *sonner* durch einen verbalen Ausdruck aus *avoir* + Substantiv ersetzt wird (RW § 307.4): *avoir un son*. Das Nomen wird dann durch ein Adjektiv (*étrange*) näher bestimmt: *ma voix avait un son étrange*.

Die Ortsangabe "in der Stille" wird mit der Präpositionalgruppe *dans le silence* ("Lautlosigkeit") und nicht mit *dans le calme* ("Ruhe") übersetzt. Man beachte das Genus von *silence*.

(6-7) Eine Fliege schlug gegen die Scheibe: Das Verb "schlagen" wird hier nicht mit *battre* oder *frapper* wiedergegeben. Zur Wiedergabe der Heftigkeit der Bewegung, die im Verb "schlagen" liegt, kann man im Französischen Verben wie *heurter*, *se cogner à / contre* oder *s'écraser contre / sur* benutzen.

Für die Wiedergabe des Präteritums "schlug" sind zwei Zeitformen möglich: entweder *passé simple* (*s'écrasa contre la vitre*) oder *imparfait* (*se cognait à / contre la vitre*). Der Zusammenhang des deutschen Textes gestattet keine Entscheidung. Das *imparfait* hebt den Sachverhalt als Begleitumstand hervor; das *passé simple* trifft nur eine Feststellung; demnach ist das *imparfait* hier besser, das *passé simple* nicht falsch.

(7-8) Ich öffnete vorsichtig die oberste Schublade der Kommode: Allem Anschein nach gibt es mindestens drei Schubladen: die oberste (Z. 8), die nächste (Z. 9) und die unterste (Z. 10). Das Französische benutzt keinen Superlativ, um diese Steigerungsformen auszudrücken. Eigentlich sollte man *le tiroir du haut* sagen, aber da es sich um die Schublade der Kommode handelt, wirkt *le tiroir du haut de la commode* schwerfällig. Um diese unschöne Nebenordnung zu vermeiden, kann man *le premier tiroir* sagen.

Das Adverb "vorsichtig" heißt *prudemment*. Man kann auch hier eine Konstruktion aus Präposition + Substantiv (*avec prudence / précaution*) benutzen, weil sie besser klingt und weniger schwerfällig als das lange Adverb auf *-ment* ist (RW § 307.1).

(8-9) Tischdecken, säuberlich gefaltet: Die Wiedergabe der Wortzusammensetzung "Tischdecke" ist einer der zahlreichen Fälle, in denen das Deutsche ein Kompositum ("Tischdecke") benutzt, während das Französische ein Simplex, ein einfaches Wort (*nappe* und nicht *couverture de table*) verwendet. Hier wird der unbestimmte Artikel (***des** nappes*) zur Bezeichnung einer nicht näher bestimmten Menge zählbarer Dinge im Plural gebraucht (RW § 35.1).

Das Adverb "säuberlich" kann durch *soigneusement* oder *avec soin* wiedergegeben werden. Allenfalls möglich ist: *proprement*.

Das Partizip "gefaltet" wird nicht mit *joint* (Hände) oder *plissé* (Faltenrock), sondern mit *plié* (Papier, Wäschestück) übersetzt.

Während das Adverb auf *-ment* vor oder nach dem Partizip (RW § 305.3) stehen kann (*soigneusement pliées* oder *pliées soigneusement*), folgt die adverbiale Wendung unbedingt auf das Partizip: *pliées avec soin*.

(9) Die nächste: Messer, Gabeln und Löffel: In einer Aufzählung wird im Französischen der Artikel ausgelassen (RW § 37.1): *couteaux, fourchettes et cuillères*. Man beachte die zweite korrekte Rechtschreibung von *cuillère: cuiller*.

"Die nächste (Schublade)" wird nicht durch *le tiroir prochain*, sondern durch *le tiroir suivant* übersetzt. Das Adjektiv *suivant* kann sowohl eine zeitliche Nähe bezeichnen als auch eine nach der Reihenfolge unmittelbar anschließende Sache. *Prochain* hingegen wird fast nur zeitlich gebraucht. Auch möglich: *le deuxième tiroir*.

(9-10) Und die unterste: zwanzig Jahre alte Zeitschriften: Zur Wiedergabe von "die unterste (Schublade)" siehe Anmerkung (7-8): nicht *le tiroir le plus bas*, sondern *le tiroir du bas* oder *le dernier tiroir*.

Der Ausdruck "zwanzig Jahre alt" wird nicht durch *âgé de vingt ans* ("zwanzigjährig"), sondern durch *datant de vingt ans* oder *vieux de vingt ans* übersetzt (RW § 329.16). Das Wort *magazine* ("Zeitschrift") darf nicht mit *magasin* ("Laden") verwechselt werden.

(11-12) ohne System durcheinandergemischt: Das Partizip "durcheinandergemischt" kann nicht wörtlich ins Französische übertragen werden. Das Adverb "durcheinander" drückt Unordnung, Verworrenheit aus und kann im Französischen mit *pêle-mêle*, *en désordre* übersetzt werden. In Zusammensetzung mit dem Verb "mischen" (*mélanger* und nicht *mixer*) wirkt es redundant, so dass es weggelassen werden kann. Der ganze Partizipialsatz muss daher durch *mélangé sans système / n'importe comment* umschrieben werden.

(11-12) Das alte Holz widersetzte sich: Nicht *l'ancien bois*, sondern *le bois ancien* oder *le vieux bois*. Beim Adjektiv *ancien* ändert sich der Sinn, je nachdem, ob es vor oder nach seinem Bezugswort steht: vorangestellt heißt es "ehemalig", nachgestellt "sehr alt" (RW § 169).

Das Verb "sich widersetzen" wird am besten durch *résister* oder *opposer de la résistance* wiedergegeben. Das Verb *s'opposer* hingegen wäre hier unangebracht, weil es ein indirektes Objekt nach sich haben muss: *s'opposer à l'autorité, à ses parents, à une décision*.

Es ist nicht aus dem Kontext ersichtlich, ob das Präteritum durch *imparfait* oder *passé simple* wiederzugeben ist. Zum Bedeutungsunterschied zwischen beiden Zeilen siehe Anmerkung (6-7).

(13-14) fast hätte ich es nicht geschafft: Diesen verbalen Ausdruck kann man nicht wörtlich mit *je n'aurais presque pas réussi* oder *je ne serais presque pas arrivé* übersetzen. Die Kombination aus dem Adverb "fast" und dem Konjunktiv II wird in der Regel durch eine Verbalperiphrase aus dem Verb *faillir* und einem Infinitivsatz ohne Präposition (RW § 307.5) umschrieben: *je faillis ne pas pouvoir...* Interessant ist hierbei die Verknüpfung eines Begriffs, der "Scheitern" oder "Versagen" wiedergibt, mit einem Ereignis, das man eben nicht anstrebt.

(15) Zu meiner Linken waren vier Türen: Das Substantiv "die Linke" heißt *la main gauche*. Die Ortsangabe "zu meiner Linken" wird wie "links von mir" (siehe oben) mit *à ma gauche* übersetzt.

Zur Wiedergabe von "waren" und zur Kommasetzung nach der adverbialen Bestimmung am Satzanfang siehe Anmerkung (1-2).

(16) ein kleiner Raum mit Bett, Tisch und Stuhl: Nur im Sinne von "Schlafzimmer" heißt "Zimmer" *chambre* (siehe unten); "ein kleiner Raum" heißt einfach *une petite pièce*.

Zum fehlenden Artikel in einer Aufzählung siehe Anmerkung (9): *une petite pièce avec lit, table et chaise*.

(17-18) und einem Foto des jungen Marlon Brando: Das Adjektiv *jeune* steht fast immer vor dem Substantiv (RW § 165.1)*: et une photo du jeune Marlon Brando*. Dieses Adjektiv kann aber auch nachgestellt werden und bedeutet dann "noch jung, jugendlich" (RW § 166.1): *et une photo de Marlon Brando jeune*. Auch möglich ist der Gebrauch eines Temporalsatzes: *et une photo de Marlon Brando quand il était jeune*.

(18) Das musste Annas Zimmer sein: Das Modalverb "müssen" als Ausdruck einer Vermutung wird hier mit dem französischen Modalverb *devoir* im *imparfait* übersetzt (RW § 264.6).

Das neutrale Pronomen "das" kann durch *cela* oder *ce* ausgedrückt werden, wobei zwischen beiden Pronomen ein kleiner Unterschied besteht. *Cela* (umgangssprachlich *ça*) wird als eigentliches neutrales Subjekt bei allen transitiven und intransitiven Verben gebraucht und wirkt hervorhebend (RW §§ 55.1, 55.3). *Ce* kann nur Subjekt von *être* sowie von *devoir* und *pouvoir* mit nachfolgendem *être* sein (RW § 54.2): *ce(la) devait être...*

Zur Wiedergabe von Zimmer (hier: *chambre*) siehe Anmerkung (16).

Die Elision von *de* vor "Anna" muss durchgeführt werden, weil das *e* mit dem Vokal des Folgeworts zusammentrifft (RW § 7): *la chambre d'Anna* (und nicht *la chambre de Anna*).

(19) Hinter der nächsten Tür war die Küche: Zur Wiedergabe von "war" siehe Anmerkung (1-2). Zur Übersetzung von "nächste" siehe Anmerkung (9).

(19-20) danach kam der Raum: Das unbestimmte Zeitadverb "danach" wird mit *ensuite* oder *puis* übersetzt. Das Adverb *après* dient hauptsächlich zur Bezeichnung einer zeitlichen Abfolge von Ereignissen und kann gelegentlich auch räumlich gebraucht werden. Normalerweise stehen Adverbien wie *puis* oder *ensuite* am Anfang des Satzes und werden durch ein Komma abgetrennt. Wenn jedoch das Subjekt des Satzes durch ein Präsentationsverb ("kam", *venait*) eingeführt wird, ist die Inversion nach diesen Adverbien notwendig (RW § 352.1): *puis / ensuite venait la pièce*

(20) in dem ich gestern empfangen worden war: Es handelt sich hier um einen einschränkenden Relativsatz, der für das Verständnis des Hauptsatzes unbedingt erforderlich ist und demnach nicht weggelassen werden darf. Deshalb wird er im Französischen nicht durch ein Komma vom Hauptsatz getrennt (RW § 143.1).

Das Verb "empfangen" heißt *recevoir* oder *accueillir*. Wenn in einem passivischen Satz der Handelnde nicht genannt ist, so kann ein deutsches Passiv aktivisch wiedergegeben werden, in der Regel mit *on* als Subjekt (RW § 231): *j'avais été accueilli / reçu* oder *on m'avait accueilli / reçu*.

Die Verwendung des Adverbs "gestern" ist an dieser Stelle eigentlich grammatikalisch nicht korrekt, da damit nicht die Vorzeitigkeit zu einem Ereignis in der Vergangenheit ("kam der Raum") ausgedrückt werden kann. Richtigerweise sollte hier "am Vortag" stehen, was mit *la veille* (KK § 383.3) ins Französische übersetzt wird. Will man jedoch bewusst der Wortwahl des Autors folgen, muss man im Französischen den gleichen Fehler begehen und mit *hier* übersetzen. Dies ist allerdings in der Umgangssprache durchaus üblich, während die Benutzung von *la veille* der gehobenen Sprache angehört.

(20-21) Hinter der letzten ein Treppenabgang: Das zusammengesetzte Wort "Treppenabgang", das im Französischen keine wörtliche Entsprechung hat, kann nach dem Modell von "Treppenaufgang" (siehe oben) durch *l'escalier qui descend* wiedergegeben werden.

(22-23) und tastete nach dem Lichtschalter: Das Verb "tasten" im Sinne von "(mit den Händen) vorsichtig oder unsicher nach etwas suchen", wird nicht mit *tâter* ("abtasten"), sondern mit *chercher à tâtons* oder *tâtonner pour chercher* übersetzt.

Das Wort "Lichtschalter" heißt *interrupteur*, nicht *bouton de lumière*.

(23) Ich machte Licht: Die übliche Redewendung lautet *faire de la lumière*. Aber *allumer la lumière* ist auch möglich.

(23-24) ich kniff die Augen zusammen: Dieser verbale Ausdruck wird im Französischen mit *je plissai les yeux* wiedergegeben. Die Wendung *cligner les / des yeux* ist hier nicht richtig, weil es dem Deutschen "blinzeln" entspricht.

(24) Als ich mich an die Helligkeit gewöhnt hatte: Das Verb "sich an etwas gewöhnen" kann mit *s'habituer à* oder mit *s'accoutumer à* übersetzt werden. Für die Wiedergabe von "Helligkeit" stehen *clarté* (heller Zustand) oder *luminosité* ("Licht-, Beleuchtungsstärke") zur Verfügung.

Die Konjunktion "als" kann man entweder durch *quand* und *lorsque* oder durch *une fois que* (RW § 343) übersetzen. Diese Konjunktionen leiten hier einen Nebensatz ein, in dem nicht das Plusquamperfekt, sondern das *passé antérieur* verwendet wird. Das *passé antérieur* steht nämlich nur in Nebensätzen zum Ausdruck einer einmaligen, völlig abgeschlossenen Handlung, die unmittelbar vor dem im *passé simple* ausgedrückten Vorgang des Hauptsatzes stattgefunden hat (RW § 202 und KK § 390). Ein Komma muss grundsätzlich nach dem Nebensatz gesetzt werden, der dem Hauptsatz vorausgeht (RW § 13.2): *Lorsque je me fus habitué à la clarté, ...*

Um den Satzbau zu vereinfachen, kann häufig statt des *passé antérieur* eine Partizipialkonstruktion aus *une fois* und dem Partizip Perfekt verwendet werden: *une fois habitué à la clarté,...* (RW 250.1)

(25) wurde mir klar, dass ich in einem Atelier stand: Die Zeitform "wurde mir klar" wird im Französischen mit dem *passé simple* wiedergegeben: *je me rendis compte / je compris / je réalisai que...* Im Unterschied zur Situation in Anmerkung (1) muss das Stellungsverb "stehen" hier nicht mit *j'étais debout*, sondern mit *j'étais, je me trouvais* übersetzt werden, da hier nicht ein zweites Verb mit *et* angeschlossen wird, das im *passé simple* steht.

Text Nr. 7

Stadtbummel durch Wien

Andreas ist sich nicht klar, warum er nicht mehr in die Schule geht. Ganz plötzlich ist es gekommen. Am Morgen, im Badezimmer, hatte er noch an die Langeweile der bevorstehenden Lateinstunde gedacht und ohne Freude
5 an die folgende Mathestunde, für die ihm die Hausübung fehlte.

Drei Vormittage lang wanderte Andreas kreuz und quer durch die Stadt und kam durch Gegenden, die er bisher noch nicht gesehen hatte. Er bestaunte Kirchen
10 und Barockhäuser mit weit mehr Aufmerksamkeit, als er je dafür im Kunstunterricht gezeigt hatte.

Gegen zehn Uhr, wenn in der Schule die große Pause war, ging er in ein Kaffeehaus und trank einen großen Braunen und las die Zeitung. Bisher hatte er nie Zeitun-
15 gen gelesen. Pünktlich wie sonst nie kam er gegen Mittag nach Hause. Der Großvater freute sich. Am Nachmittag blieb Andreas in seinem Zimmer, las Science-fiction-Romane und erklärte dem Großvater, dass er Mathematik lerne. Der Großvater freute sich.
20 Am vierten Vormittag regnet es. Andreas fährt mit der Straßenbahn bis zur Endstation, steht im nasskalten Regen, der Regen ist hier fast Schnee. Er rennt plötzlich los, ohne eine bestimmte Richtung einzuschlagen, (...) läuft weiter durch den Wald. Jetzt schneit es dicht. Zweimal
25 fällt er hin. Es schneit zum ersten Mal in diesem Winter. Und es ist das erste Mal in seinem Leben, dass er sich nicht über den ersten Schnee freut.

Nach Christine NÖSTLINGER, *Andreas* (1978)

Promenade[1] à travers Vienne[2]

Andreas ne saisit[3] pas pourquoi il ne va plus à l'école. C'est venu de façon très inattendue[4]. Le matin, dans la salle de bains, il avait encore pensé à l'ennui qu'il ressentirait au cours de latin qui l'attendait et, sans joie aucune,
5 au cours de maths qui suivrait et pour lequel il n'avait pas fait l'exercice[5].

Trois matinées durant, Andreas parcourut la ville en tous sens[6][7] et traversa des endroits[8] qu'il n'avait jamais[9] vus auparavant[10]. Il admira des églises et des maisons en
10 style baroque[11] avec infiniment plus d'attention qu'il (n')en avait jamais montré pour elles au cours d'arts plastiques[12].

Vers (les) dix heures, quand il y avait la grande récréation[13] à l'école, il alla[14] dans un café, but une grande
15 tasse de café noir avec un nuage de lait[15] et lut le journal. Jusqu'à présent, il n'avait jamais lu de[16] journaux. A l'heure, comme cela ne lui était jamais arrivé auparavant[17], il rentra à la maison vers midi. Son grand-père était ravi[18]. L'après-midi, Andreas resta dans sa chambre
20 à lire des romans de science-fiction et expliqua à son grand-père qu'il travaillait ses maths[19]. Son grand-père était ravi.

Le matin du quatrième jour, il pleut. Andreas prend le tramway jusqu'au terminus, il reste sous la pluie froide (et
25 humide), la pluie ici est quasiment[20] de la neige. Soudain, il se met à courir, sans prendre de direction précise, continue à courir dans la forêt. Il neige à présent à gros flocons[21]. Il tombe à deux reprises. C'est la première fois qu'il neige cet hiver. Et c'est la première fois de sa vie
30 qu'il ne se réjouit pas de voir les premières neiges[22].

D'après Christine NÖSTLINGER, *Andreas* (1978)

Varianten

[1] Balade
[2] la ville de Vienne
[3] comprend / sait
[4] manière tout à fait inattendue
[5] le devoir
[6] se déplaça / marcha
[7] ici et là / dans tous les sens à travers la ville
[8] passa par des quartiers
[9] qu'il n'avait pas encore
[10] jusqu'ici
[11] maisons baroques
[12] cours de dessin
[13] au moment de la grande récréation / pause
[14] se rendit
[15] un grand café noir avec un peu de lait
[16] les
[17] comme il ne l'avait jamais été
[18] heureux / content
[19] qu'il bossait / révisait ses maths
[20] presque
[21] La neige est épaisse à présent.
[22] Et pour la première fois dans sa vie, il n'est pas content de voir la première neige.

Anmerkungen

Le texte de Christine Nöstlinger nous présente un épisode de la vie d'Andreas, un jeune Viennois désorienté, qui fait l'école buissonnière pendant trois jours et qui ment à son grand-père pour ne pas le blesser ou l'inquiéter. Tout cela nous est raconté alternativement au passé et au présent. S'agit-il d'une crise d'adolescence ou faut-il chercher, comme dans l'allusion aux premières neiges qui laissent le personnage principal indifférent, d'autres motifs qui expliqueraient son comportement ?

Ce qui frappe dans ce texte, c'est l'utilisation de termes spécifiquement autrichiens, dont la traduction ne devrait pas poser de problèmes, même si celle de «ein großer Brauner» demande un peu d'imagination.

Zeiten: Im ersten und letzten Teil des Textes stehen fast alle Verben im **Präsens**: ist (Z. 1, 22, 26), geht (Z. 2), regnet (Z. 20), fährt (Z. 20), steht (Z. 21), rennt los (Z. 22-23), läuft (Z. 23), schneit (Z. 24, 25), fällt hin (Z. 25), freut (Z. 27).

Im mittleren Teil stehen fast alle Verben im *passé simple*, da es für Ereignisse verwendet wird, die in ihrem Ablauf als zeitlich begrenzt angesehen werden, oder auch eine Handlungskette bilden: wanderte (Z. 7), kam (Z. 8, 15), bestaunte (Z. 9), ging (Z. 13), trank (Z. 13), las (Z. 14), blieb (Z. 17), erklärte (Z. 18).

Nur ein paar Verben stehen im *imparfait*, weil sie einen Zustand beschreiben und daher als Begleitumstände gelten: fehlte (Z. 6), war (Z. 13), freute sich (Z. 16, 19), lerne (Z. 19).

Österreichische Besonderheiten: Hausübung (Z. 5), Kaffeehaus (Z. 13), einen großen Braunen (Z. 13-14).

Angleichung des Perfektpartizips: ist gekommen (Z. 2), hatte gedacht (Z. 3-4), gesehen hatte (Z. 9), gezeigt hatte (Z. 11), hatte gelesen (Z. 14-15).

Komposition: Stadtbummel (Überschrift), Badezimmer (Z. 3), Lateinstunde (Z. 4), Mathestunde (Z. 5), Hausübung (Z. 6), Barockhäuser (Z. 10), Kunstunterricht (Z. 11), Kaffeehaus (Z. 13), Science-fiction-Romane (Z. 17-18), Straßenbahn (Z. 21), Endstation (Z. 21), nasskalt (Z. 21).

Wiedergabe der Präposition "in": in die Schule (Z. 1-2), im Badezimmer (Z. 3), im Kunstunterricht (Z. 11), in der Schule (Z. 12), in ein Kaffeehaus (Z. 13), in seinem Zimmer (Z. 17), im nasskalten Regen (Z. 21-22), in diesem Winter (Z. 25), in seinem Leben (Z. 26).

Stadtbummel durch Wien: Das zusammengesetzte Wort "Stadtbummel" wird durch ein Kompositum aus Substantiv + Präposition + Substantiv wiedergegeben (RW § 378.1): *promenade en ville*. "Bummel" heißt auch *balade* (und nicht *ballade*, was eine besondere Gedichtform bezeichnet). Für "Wien" gibt es im Französischen eine Entsprechung, ein so genanntes Exonym: *Vienne*.

Allerdings wirkt *balade / promenade en ville à travers Vienne* schwerfällig. Daher wäre es ratsam, *balade / promenade à travers (la ville de) Vienne* (Bummel durch die Stadt Wien) zu schreiben. Merke: Vor Substantiven, die in Überschriften stehen, fehlt im Deutschen wie im Französischen der Artikel (RW § 37.3).

(1-2) Andreas ist sich nicht klar, warum er nicht mehr in die Schule geht: Der Präposition "in" entspricht hier die Präposition *à*, die in ganz allgemeiner Weise Lage oder Richtung jeglicher Art ohne genauere Angaben ausdrückt (RW § 325.1): *aller à l'école.*

Der verbale Ausdruck "sich klar sein" kann durch *saisir, comprendre* oder *savoir* übersetzt werden. Das Frageadverb *pourquoi* ("warum") leitet eine indirekte Teilfrage ein (KK § 284.2). Im Gegensatz zum Deutschen stehen vor indirekten Fragesätzen grundsätzlich keine Kommas (RW § 13.2): *Andreas ne saisit / comprend / sait pas pourquoi il ne va plus à l'école.* Der verbale Ausdruck *n'être pas sûr* ist auch möglich. Allerdings ist die Konstruktion *n'être pas sûr pourquoi ...* nicht richtig, weil das Adjektiv *sûr* sein Objekt mit der Präposition *de* anschließt (RW § 259.6). In diesem Fall ist der Gebrauch der zusammengesetzten Konjunktion *la raison pour laquelle* notwendig (Confais § 318): *Andreas n'est pas sûr **de la raison pour laquelle** il ne va plus à l'école.*

(2) Ganz plötzlich ist es gekommen: Das neutrale Demonstrativpronomen *ce* ("es") wird als Subjekt vor *être* + Partizip Perfekt (*arrivé* oder *venu*) gebraucht (RW § 54.1): *C'est arrivé / venu. Cela est arrivé / venu* ist ebenfalls vorstellbar, wirkt jedoch hervorhebend (RW § 55.3).

Das Adverb "plötzlich" im Sinne von "unerwartet, überraschend" heißt *tout à coup* oder *soudain*, was aber nur schwierig mit *tout à fait* oder *très* ("ganz") zu kombinieren ist. Das Adverb *soudainement* existiert zwar, und man könnte sogar *tout à fait soudainement* schreiben; es besteht aber auch die Möglichkeit, "ganz plötzlich" durch eine adverbiale Umschreibung zu übersetzen, nämlich durch *de façon / manière* + Adjektiv (RW § 307.2): *de façon / manière tout à fait / très soudaine / inattendue.*

(2-3) Am Morgen, im Badezimmer: Das zusammengesetzte Wort "Badezimmer" wird im Französischen durch eine Wortbildung nach dem Schema Substantiv + Präposition *de* + Substantiv wiedergegeben (RW § 378.1): *salle **de** bain(s).*

Tageszeiten erfordern den bestimmten Artikel (RW § 41.1): *Le matin.*
Stehen mehrere adverbiale Bestimmungen am Satzanfang, so geht die
Zeitangabe der Ortsangabe voraus (RW § 351.4). Anders als im Deutschen wird im Französischen ein Komma nach einer einleitenden adverbialen Ergänzung gesetzt (RW § 13.2): *Le matin, dans la salle de
bain(s),* ...

**(3-4) hatte er noch an die Langeweile der bevorstehenden Latein-
stunde gedacht:** Das Wort "Stunde" steht hier für Unterrichtsstunde
und wird im Französischen nicht mit *classe* oder *leçon* ("Klavierstunde"
oder "Lektion"), sondern mit *heure* oder *cours* übersetzt. Die substanti-
vische Ergänzung wird durch die Präposition *de* angeschlossen: *heure
/ cours de latin.*

Der Genitiv ("die Langeweile der (...) Lateinstunde") kann hier nicht
durch die Präposition *de* ausgedrückt werden, sondern erfordert den
Gebrauch eines Relativsatzes, der klarstellt, dass sich nicht die Lateinstunde langweilt, sondern der Protagonist: *l'ennui qu'il éprouverait /
ressentirait au cours de latin.* Man beachte, dass vor der Nominalgruppe *cours de latin* die Präposition *à* (und nicht *dans*) steht.

Das Verb "bevorstehen" kann hier mit *être imminent* übersetzt werden, was allerdings bedeuten würde, dass die Lateinstunde für den
Protagonisten einen bedrohlichen Charakter annimmt. Passender wären neutrale Wendungen wie *à venir* oder *qui l'attendait. Futur cours de
latin* ("zukünftige Lateinstunde) wäre hier falsch.

(4-5) und ohne Freude an die folgende Mathestunde: Die Präpositionalgruppe "ohne Freude" kann durch *sans joie* oder *sans aucune joie*
wiedergegeben werden. In gehobenem Stil kann *aucun* nach dem
Substantiv stehen (RW § 89.1): *et sans joie aucune.*

Zur Wiedergabe von "Stunde" im Sinne von "Unterrichtsstunde" siehe Anmerkung (3-4). Im Gegensatz zum Deutschen wird das Wort
mathématiques nur im Plural gebraucht (RW § 25.2), da es verschiedene Teilgebiete (Algebra, Arithmetik und Geometrie) umfasst: *cours
de mathématiques* oder (umgangssprachlich) *cours de maths* (RW §
380).

Das Adjektiv "folgend" kann hier durch das Adjektiv *suivant* übersetzt werden, das nach der Nominalgruppe steht, die aus dem Substantiv *cours* und seiner Ergänzung *de maths* besteht: *au cours de
maths suivant.*

Auch möglich ist eine Konstruktion mit einem Relativsatz: *au cours de maths qui suivrait / qui suivait.* Da dieser Relativsatz ein Ereignis der Zukunft im Verhältnis zu einem Augenblick in der Vergangenheit beschreibt, steht das Verb im *conditionnel présent.* Eine weitere Möglichkeit ist die Verwendung des so genannten *imparfait prospectif,* denn das *imparfait* kann auch Ereignisse bezeichnen, die vom Bezugspunkt der Vergangenheit aus noch in der Zukunft liegen (KK § 388).

(5-6) für die ihm die Hausübung fehlte: Man beachte die vom Englischen abweichende Rechtschreibung von *exercice* ("Übung"). Das Substantiv *devoir* wäre auch zutreffend, da es im Kontext nicht als "Klassenarbeit" aufgefasst werden kann. Es bedarf also keiner Ergänzung wie *à la maison.*

Das Relativpronomen "die" leitet einen einschränkenden Relativsatz ein, der für das Verständnis des Hauptsatzes unbedingt erforderlich ist. Deshalb wird er im Französischen nicht durch ein Komma vom Hauptsatz abgetrennt. Da sich das Relativpronomen auf eine Sache (*le cours de maths*) bezieht, steht eine Form von *lequel,* der die betreffende Präposition vorausgeht (RW § 148.1), und nicht *qui* (RW § 145.2): *au cours de maths suivant pour lequel ...* Falls "folgend" bereits durch einen Relativsatz übersetzt wird (siehe oben), können beide Relativsätze durch *et* verbunden werden: *au cours de maths qui suivrait et pour lequel ...*

Der unpersönliche Ausdruck *il lui manquait l'exercice / le devoir* wirkt schwerfällig und muss also umschrieben werden: *et pour lequel il n'avait pas fait l'exercice / le devoir.*

(7) Drei Vormittage lang: Das Substantiv "Vormittag" heißt hier *matinée* und nicht *matin,* da *matinée* eher das zeitliche Andauern beschreibt. *Matin* steht zur Beschreibung eines Zeitpunkts Begriffen wie *après-midi* oder *soir* gegenüber. "Heute Vormittag" würde durch *ce matin* übersetzt.

Wenn "lang" einer Zeitangabe nachgestellt wird, übersetzt man es im Französischen durch *pendant: Pendant trois matinées.* In der gehobenen Sprache steht auch *durant* in der Bedeutung von *pendant. Durant* kann der Nominalgruppe voran- oder nachgestellt werden (KK § 236): *Trois matinées durant / Durant trois matinées.*

Zur Kommasetzung nach einer einleitenden adverbialen Bestimmung siehe Anmerkung (2-3).

(7-8) wanderte Andreas kreuz und quer durch die Stadt: Der adverbiale Ausdruck "kreuz und quer" wird im Französischen durch *ici et là* (im Sinne von "hierhin und dorthin") oder *en tous sens, dans tous les sens* (im Sinne von "planlos in alle Richtungen") wiedergegeben (RW § 71.1).

Das Verb "wandern" heißt im Allgemeinen *marcher* oder *se déplacer* (*faire de la randonnée* oder *faire de la marche* passt im Kontext nicht). In Verbindung mit "kreuz und quer durch die Stadt" trifft die Übersetzung *parcourir* den Sinn am besten: *parcourir la ville dans tous les sens / en tous sens*. Nicht *dans tous les sens de la ville*!

Das Präteritum "wanderte" bezieht sich auf einen Vorgang, der eine begrenzte Dauer ("drei Vormittage lang") bezeichnet, und wird deshalb als zeitlich begrenzte, völlig abgeschlossene Handlung durch das *passé simple* wiedergegeben (Confais § 37, KK § 381): *parcourut la ville en tous sens*.

(8-9) und kam durch Gegenden, die er bisher noch nicht gesehen hatte: Das französische Verb *traverser* ist die übliche Übersetzung für alle verbalen Ausdrücke, die aus der Präposition "durch" und einem Bewegungsverb ("kommen, gehen, laufen, fließen, führen") bestehen. Hier kann auch das Verb *passer* verwendet werden (KK § 166), jedoch mit der Präposition *par* (RW § 331, KK § 250) und nicht mit *à travers*.

Das Substantiv "Gegend" heißt *contrée*, *endroit*, aber nicht *région*. Aus dem Kontext heraus ist es klar, dass es sich dabei um Viertel (*quartiers*) handelt.

Das Adverb "bisher" kann durch *jusqu'à présent, jusqu'alors* oder *jusque-là* übersetzt werden. In Verbindung mit "noch nicht" kann man es auch durch *ne ... jamais auparavant* ausdrücken.

Das Relativpronomen *que* ("die") ersetzt das direkte Objekt *endroits* oder *quartiers* ("Gegenden") und geht dem transitiven Verb voran. Deshalb wird das Partizip Perfekt *vu* an das vorangehende Objekt angeglichen (RW § 246.2, KK § 378): *des endroits / quartiers qu'il n'avait jamais vus auparavant.*

Zur Kommasetzung beim einschränkenden Relativsatz siehe Anmerkung (5-6).

(9-10) Er bestaunte Kirchen und Barockhäuser: Die Verbform "bestaunte" bezeichnet eine zeitlich begrenzte Handlung und wird mit *passé simple* wiedergegeben.

Man beachte die Kleinschreibung von *église* im Sinne von "Gotteshaus". Nur als Institution wird es groß geschrieben: *l'Eglise* (RW § 12.2).

Das zusammengesetzte Wort "Barockhaus" kann entweder durch eine Nominalgruppe aus Substantiv mit nachgestelltem Adjektiv (*maison baroque*) oder Substantiv + *dans le / de / en style* + Adjektiv (*maison dans le / de / en style baroque*) ausgedrückt werden.

Während im Deutschen bei zählbaren Substantiven, deren Anzahl unbestimmt bleibt, der Nullartikel steht (d.h. der Artikel wird weggelassen), ist im Französischen die Verwendung des unbestimmten Artikels *des* obligatorisch (RW § 35.1). Bei Nominalgruppen bzw. Nomen, die durch *et* beigeordnet sind, muss der unbestimmte Artikel *des* vor jeder Nominalgruppe wiederholt werden: *des églises et des maisons baroques*.

(10-11) **mit weit mehr Aufmerksamkeit, als er je dafür im Kunstunterricht gezeigt hatte:** Das Adverb "weit" dient als Verstärkung bei Adverbien im Komparativ und heißt dann *infiniment* oder *bien* (KK § 218). Nach der Mengenangabe *plus* ("als") wird das Substantiv mit der Präposition *de*, aber ohne Artikel angeschlossen (RW § 43.2, KK § 215): *bien / infiniment plus d'attention*.

Das Objekt "Aufmerksamkeit" des Hauptsatzes muss im Komparativsatz des deutschen Texts nicht nochmals explizit erwähnt werden. Auch im französischen Komparativsatz wird aus stilistischen Gründen das direkte Objekt *attention* weggelassen, muss aber in diesem Fall durch das Pronominaladverb *en* ersetzt werden, das zum Ausdruck eines partitiven Verhältnisses eingesetzt wird (RW § 134.3): *... admira avec ... plus d'attention qu'il en avait montré ...*

In Nebensätzen, die von einem Komparativ abhängen, kann ein überzähliges *ne* erscheinen, ohne dass dies verneinende Wirkung hat (RW § 321.4). Zudem steht *jamais* in bejahender Bedeutung ("je", "jemals") in Vergleichssätzen nach dem Komparativ + *que* (RW § 320.2): *... plus d'attention qu'il (n')en avait jamais montré ...*

Weiterhin kann das mit *avoir* verbundene Partizip Perfekt angeglichen werden, wenn einem direkt transitiven Verb als Ergänzung ein partitives *en* vorausgeht (RW § 248.5, KK § 378): *... plus d'attention qu'il (n')en avait jamais montré(e) ...*

Im deutschen Nebensatz vertritt das Pronominaladverb "dafür" die "Kirchen und Barockhäuser" aus dem Hauptsatz. Im Französischen kann das Objekt *des églises et des maisons baroques* nicht in gleicher Weise durch ein Pronominaladverb ersetzt werden (*en* und *y* sind nur in Zusammenhang mit *de* und *à* erlaubt), sondern werden mit Hilfe von Präposition + Personalpronomen, also *pour elles,* wieder aufgegriffen: *... plus d'attention qu'il (n')en avait jamais montré(e) pour elles.*

Zur Wiedergabe von "Stunde" im Sinne von "Unterrichtsstunde" siehe Anmerkung (3-4). "Kunst" als Schulfach wird mit *dessin* oder *arts plastiques* (und nicht mit *arts*) übersetzt.

(12-13) Gegen zehn Uhr, wenn in der Schule die große Pause war: Die Präposition "gegen" bezeichnet einen ungefähren Zeitpunkt und wird im Französischen mit *vers* + Nominalgruppe übersetzt (RW § 324). In Verbindung mit der Uhrzeit kann der bestimmte Artikel *les* stehen (KK § 235.3): *vers (les) dix heures*. Zur Kommasetzung bei einer vorangehenden adverbialen Bestimmung siehe Anmerkung (2-3).

Die Verbform "war" wird nicht immer durch eine Form von *être* wiedergegeben. Hier geht es um eine unpersönliche Konstruktion, in der üblicherweise "es" am Satzanfang steht. Im vorliegenden Fall ist allerdings dieses "es" nicht nötig, weil bereits eine Ortsangabe ("in der Schule") den Satzanfang bildet. Daher muss man auch im Französischen unpersönliche Ausdrücke wie *il y a* oder *c'est* gebrauchen.

Das Wort "Pause" im Sinne von "Unterbrechung, vorübergehender Ruhezeit" heißt im Französischen sowohl *pause* als auch *récréation*. Siehe Anmerkung (1-2) über die Wiedergabe der Präposition "in": *à l'école*.

Das Präteritum "war" in Verbindung mit der Konjunktion "wenn" (*quand* oder *lorsque*) wird im Französischen mit *imparfait* wiedergegeben, weil damit eine Gewohnheit, etwas Wiederkehrendes ausgedrückt wird: *Vers (les) dix heures, quand il y avait / c'était la grande récréation à l'école, ...*

(13-14) ging er in ein Kaffeehaus und trank einen großen Braunen und las die Zeitung: Alle drei Verben bilden eine Handlungskette und stehen im Französischen im *passé simple*: *il alla (...), but (...) et lut (...)*.

Das zusammengesetzte Wort "Kaffeehaus", das in Österreich ein Café bezeichnet, wird im Französischen einfach mit *café* übersetzt.

Ein "grosser Brauner" bezeichnet im Wiener Kaffeehaus einen Kaffee mit einem bestimmten Helligkeitsgrad und kann durch *une grande tasse de café avec un peu / un nuage de lait* wiedergegeben werden (und nicht durch *un grand brun,* was ein großer, dunkelhaariger Mann wäre!).

(14-15) Bisher hatte er nie Zeitungen gelesen: Zur Wiedergabe des Adverbs "bisher" siehe Anmerkung (8-9) und zur Kommasetzung bei einer adverbialen Bestimmung am Satzanfang siehe Anmerkung (2-3).

Wenn die Verneinungselemente *ne ... jamais* ("nie") ein Substantiv mit unbestimmtem Artikel (*des journaux*) einschränken, steht die Präposition *de* ohne Artikel (Confais § 232): *Jusqu'à présent, il n'avait jamais lu de journaux*. Steht im bejahten Satz der bestimmte Artikel (*lire les journaux*), so erscheint er auch im verneinten Satz (RW § 322.7, KK § 47). Deshalb ist hier ebenso möglich: *Jusqu'à présent, il n'avait jamais lu les journaux*.

(15-16) Pünktlich wie sonst nie kam er gegen Mittag nach Hause: Das Adverb *ponctuellement* wird häufiger im Sinne von "punktuell" als im Sinne von "pünktlich" verwendet. Daher sollte man "pünktlich kommen" durch *arriver à l'heure* wiedergeben (RW § 325.2).

Der elliptische Vergleichsteil "wie sonst nie" kann nicht wörtlich (*comme jamais d'ailleurs*) ins Französische übertragen werden und muss deshalb umschrieben werden. Der Nebensatz wird durch ein Komma vom Hauptsatz abgetrennt: *A l'heure, comme cela ne lui était jamais arrivé auparavant / comme il ne l'avait jamais été, il rentra à la maison vers midi.*

(16) Der Großvater freute sich: Die Übersetzung von "der Großvater" mit *le grand-père* ist falsch, da zu allgemein. Hier muss der Possessivbegleiter anstelle des bestimmten Artikels gebraucht werden, nicht nur zur Bezeichnung eines direkten Besitzverhältnisses, sondern auch zum Ausdruck einer engen Beziehung: *Son grand-père*.

Das Verb "sich freuen" heißt *être heureux, être content, être ravi* oder *se réjouir*. Da es zur Beschreibung eines länger währenden Gemütszustands dient, steht es hier im *imparfait*.

(16-18) Am Nachmittag blieb Andreas in seinem Zimmer, las Science-fiction-Romane: Hier wird die Zeitangabe "am Nachmittag" ohne Präposition verwendet (RW § 41.1): *l'après-midi*. Zur Kommasetzung bei einer adverbialen Bestimmung siehe Anmerkung (2-3).

Statt zwei selbständige Sätze zu verwenden, die durch ein Komma getrennt werden (*il resta dans sa chambre, lut ...*), kann man auch einen Hauptsatz und einen untergeordneten Infinitivsatz daraus machen: *il resta dans sa chambre à lire*. Das Verb *rester* kann einen Infinitiv mit der Präposition *à* anschließen.

Das zusammengesetzte Wort "Science-fiction-Romane" wird im Französischen durch ein Substantivkompositum nach dem Modell Substantiv + Präposition + Substantiv (RW § 378.1) wiedergegeben: *romans de science-fiction*.

(18-19) und erklärte dem Großvater, dass er Mathematik lerne: Das Verb "erklären" kann mit *déclarer* ("sagen, sich äußern") oder *expliquer* ("erläutern") übersetzt werden. Zum Kontext passt das Verb *expliquer* hier am besten. Nicht *faire croire à qn* ("jemanden etwas glauben machen"), was ein wenig zu viel an Interpretation wäre.

Die wörtliche Übersetzung von "Mathematik lernen" (*apprendre les mathématiques*) ergibt im Kontext keinen Sinn, genau so wenig wie *étudier les mathématiques* ("Mathematik studieren"). Man sollte besser Wendungen wie *travailler / réviser / bosser ses maths* verwenden, wobei Letzteres der Umgangssprache angehört. Man beachte dabei den Gebrauch des Possessivbegleiters im Gegensatz zum Deutschen (RW § 62.2).

Bei der Wiedergabe der indirekten Rede "lerne" ist die Zeitenfolge zu beachten: Das Verb *travailler / réviser* wird ins Imperfekt gesetzt, weil das einleitende Verb *expliquer* in der Vergangenheit steht (RW § 370.2): *et expliqua à son grand-père qu'il travaillait ses maths.*

(20) Am vierten Vormittag regnet es: Die Zeitangabe "am vierten Vormittag" kann ins Französische nicht wörtlich (*le quatrième matin*) übertragen werden, sondern muss umschrieben werden: *Le matin du quatrième jour, il pleut.*

Zum Gebrauch des bestimmten Artikels bei der Zeitangabe und zur Kommasetzung bei einer vorangestellten adverbialen Bestimmung siehe Anmerkung (2-3).

(20-21) Andreas fährt mit der Straßenbahn bis zur Endstation: Das zusammengesetzte Wort "Straßenbahn" heißt *tramway* oder in der Umgangssprache *tram.*

Das Verb "fahren" wird im Französischen nicht immer mit *partir* oder *conduire* übersetzt. Wendungen wie "mit dem Zug, mit dem Auto fahren" werden mit *aller en train / en voiture* oder *prendre le train / la voiture* wiedergegeben (RW § 330.3, KK § 253).

Das zusammengesetzte Wort "Endstation" heißt *terminus* (und nicht *terminal*). Die Präposition *jusque* ("bis") steht in der Regel in Verbindung mit einer anderen Präposition, z.B. *à* ("zu"), und bezeichnet hier den Zielpunkt und die Strecke bis zu diesem (RW § 324, KK § 245): *jusqu'au terminus.*

(21-22) steht im nasskalten Regen: Hier muss das Stellungsverb "stehen" nicht mit *il était debout*, sondern mit *il était, il se trouvait* übersetzt werden.

Die Präpositionalgruppe "im Regen" wird im Französischen durch *sous la pluie* (und nicht durch *dans la pluie*) übersetzt (RW § 333.1). Das zusammengesetzte Adjektiv "nasskalt" wird durch zwei Adjektive wiedergegeben, die durch die Konjunktion *et* miteinander verbunden werden: *froid et humide*. In Zusammenhang mit Regen kann *humide* einfach wegfallen: *sous la pluie froide (et humide)*.

(22) Der Regen ist hier fast Schnee: Das Adverb "fast" heißt *presque* oder *quasiment*. Der Gebrauch von *pratiquement* ist dagegen umstritten: Dieses Adverb gilt als zu umgangssprachlich für *presque* und als Anglizismus.

Das Fehlen des Artikels im Deutschen ("Schnee") erfüllt meist die gleiche Funktion wie der französische Teilungsartikel *presque / quasiment de la neige* (RW § 36.1).

Wie im Deutschen kann im Französischen die Ortsangabe *ici* oder *à cet endroit* ("hier") als freie Angabe in der Regel rechts oder links vom Satzkern (Subjekt + Prädikat) stehen (KK § 223): *Ici, la pluie est quasiment de la neige / La pluie est ici quasiment de la neige*. Steht das Adverb *ici* nach dem Substantiv *pluie*, wirkt es hervorhebend: *La pluie ici est quasiment de la neige*.

(22) Er rennt plötzlich los: Das Verb "losrennen" kann durch *se mettre à courir* (und nicht *commencer à courir*) oder durch *partir en courant* übersetzt werden. *Partir à fond de train* ("im Eiltempo") gehört der Umgangssprache an.

Zur Wiedergabe des Adverbs "plötzlich" siehe Anmerkung (2).

(23) ohne eine bestimmte Richtung einzuschlagen: Die Redewendung "eine Richtung einschlagen" wird durch *prendre une direction* wiedergegeben.

Das Adjektiv "bestimmt" in Verbindung mit "Richtung" heißt *précis* oder *déterminé* (nicht *concret* oder *fixe*).

Nach *sans* ("ohne") + Verb steht die Präposition *de* ohne Artikel (Confais § 233): *sans prendre de direction précise / déterminée*.

(23-24) läuft weiter durch den Wald: Dem deutschen Adverb "weiter" entspricht kein französisches Adverb, es muss in Zusammensetzung mit dem Bewegungsverb "laufen" verbal umschrieben werden, etwa mit *continuer à / de courir* (RW § 307.5).

Die Präpositionalgruppe "durch den Wald" wird durch *dans la forêt* und nicht durch *à travers la forêt* ausgedrückt, was heißen würde, dass der Protagonist "durch den Wald hindurch", d.h. bis ans Ende des Waldes, läuft (RW § 324, KK § 250). Man beachte das Genus von *forêt*.

(24) Jetzt schneit es dicht: Im Zusammenhang mit "schneien" kann das Adverb "dicht" nicht wörtlich (z.B. *neiger de façon épaisse*) ins Französische übertragen werden. Redewendungen wie *il neige à gros flocons* ("in großen Flocken"), *la neige tombe drue* oder sogar *la neige est épaisse* stehen zur Verfügung.

Die Zeitangabe *maintenant* oder *à présent* ("jetzt") kann am Satzanfang, am Satzende oder in der Satzmitte stehen (KK § 223).

(24-25) Zweimal fällt er hin: Das Adverb "zweimal" wird durch *deux fois* oder *à deux reprises* übersetzt, wobei Ersteres nicht am Satzanfang stehen kann.

Das Verb "hinfallen" heißt *tomber* oder *chuter* (und nicht *trébucher*, was "(über etwas) stolpern" bedeutet). Auch möglich ist *tomber à / par terre* (RW § 331). *Se casser la figure* ("auf die Nase fallen") gehört der Umgangssprache an.

(25) Es schneit zum ersten Mal in diesem Winter: Der Demonstrativbegleiter *ce* in Verbindung mit Angaben der Jahreszeit verweist auf den Zeitraum, in dem diese Äußerung getan wird (RW § 48.4, KK § 54): *cet hiver*. Nicht *en / dans cet hiver*.

Der adverbiale Ausdruck "zum ersten Mal" kann durch die Präpositionalgruppe *pour la première fois* (RW § 332.5) oder durch den hervorgehobenen Ausdruck *c'est la première fois que ...* wiedergegeben werden (RW § 358.2).

(26-27) Und es ist das erste Mal in seinem Leben, dass er sich nicht über den ersten Schnee freut: Die zusammengesetzte Konjunktion *la première fois (...) que* ("das erste Mal (...), dass...") löst den Indikativ aus (RW § 343).

Die präpositionale Wendung "in seinem Leben" dient zwar der Beschreibung eines Zeitraums, wird aber in Verbindung mit der Nominalgruppe "das erste Mal" nicht mit der Zeitangabe *dans sa vie*, sondern mit einem Genitivattribut (*de sa vie*) wiedergegeben (RW § 328.2): *Et c'est la première fois **de** sa vie qu'il ...*

Das Verb "sich über etwas freuen" kann durch den verbalen Ausdruck *être content de* oder durch das reflexive Verb *se réjouir de* (RW § 286.2) übersetzt werden. Idiomatischer wäre, das Verb *voir* hinzuzufügen: *il ne se réjouit pas / n'est pas content de voir ...*

Die Nominalgruppe "der erste Schnee" kann im Französischen sowohl im Singular (*la première neige*) als auch im Plural (*les premières neiges*) stehen.

Text Nr. 8

Ein Leben lang

Onkel Gottfried, zehn Jahre älter als seine Frau, war sein Leben lang nicht krank gewesen. Darum waren wir sehr erstaunt, als uns Tante Emily auf einer Postkarte kurz mitteilte, dass er uns "noch einmal sehen möchte".
5 Es war Ende Februar, draußen war es nass und kalt und ich erwartete unser erstes Kind. An der Unruhe, die mich gepackt hatte, fühlte ich, dass "noch einmal sehen" wirklich hieß: "noch einmal, und dann niemals mehr." So fuhr ich mit meinem Mann denn ab.
10 "Weißt du", sagte Peter, "ich hätte gewünscht, dass Onkel Gottfried länger lebte als sie. Umgekehrt[1] wäre es ungerecht."

Es war aber ungerecht. Onkel Gottfried hatte Tante Emily geheiratet, als sie fast noch ein junges Mädchen
15 war. Sie soll hübsch gewesen sein und er liebte sie über alles und verwöhnte sie. Er war es, der morgens aufstand, Feuer machte und das Frühstück an ihr Bett brachte. Er kaufte Gemüse und Fleisch ein, er verhandelte[2] mit der Putzfrau, er nähte Knöpfe an, kurzum: er tat
20 alles. Sie fand es zuerst hübsch, dann selbstverständlich, und dann langweilte er sie damit. Sie hatten keine Kinder, denn sie wollte keine, und er nahm Rücksicht darauf.

So verging Jahr um Jahr, und schließlich lebten sie
25 nebeneinander wie fremde Leute.

Nach Luise RINSER, *Ein alter Mann stirbt*
in: *Ein Bündel weißer Narzissen* (1956)

[1] umgekehrt: *si le contraire se produisait*
[2] verhandeln: (ici) *parlementer*

Toute une vie durant[1]

Oncle Gottfried, de dix ans plus âgé que sa femme[2], n'avait pas été malade de toute sa vie. Aussi étions-nous[3] très étonnés lorsque tante Emily nous annonça[4] brièvement dans[5] une carte postale qu'il «voudrait[6] bien
5   nous voir encore une fois». C'était à la fin du mois de février[7]; dehors, il faisait froid et humide et j'attendais notre premier enfant[8]. A l'inquiétude qui m'avait saisie[9], je sentais[10] que «voir encore une fois» signifiait en réali-té[11] : «encore une fois et ensuite plus jamais». C'est ainsi
10   que je me mis en route avec mon mari[12].

«Tu sais», dit Peter, «j'aurais souhaité qu'oncle Gott-fried vive[13] plus longtemps qu'elle. Si le contraire se pro-duisait, ce serait injuste».

Mais c'était[14] injuste. Oncle Gottfried avait épousé
15   tante Emily alors qu'elle n'était qu'une toute jeune fille. Il paraît qu'elle avait été jolie[15], il l'aimait par-dessus tout[16] et la dorlotait[17]. C'était lui qui se levait le matin, faisait du feu et lui apportait[18] le petit-déjeuner au lit. Il achetait des légumes et de la viande, il parlementait avec la femme
20   de ménage, il recousait les boutons, bref[19] : il faisait tout. Elle trouva cela d'abord agréable[20], ensuite naturel[21] et puis il l'ennuya avec tout cela[22]. Ils n'avaient pas d'enfants car elle n'en voulait pas[23], et il tint compte de cela[24].
25   Les années passèrent[25] ainsi[26] et ils finirent par vivre l'un à côté de l'autre[27] comme des étrangers[28].

D'après Luise RINSER, *Un vieil homme meurt*
in : *Un bouquet de narcisses blancs* (1956)

Varianten

[1] Pendant toute une vie
[2] de dix ans plus vieux que son épouse
[3] fûmes-nous
[4] informa / avertit
[5] sur
[6] aimerait
[7] Nous étions fin février / Le mois de février touchait à sa fin
[8] et j'étais enceinte de notre premier enfant
[9] qui s'était emparée de moi
[10] je sentis
[11] en fait
[12] Je me mis donc en route avec mon mari
[13] vécût
[14] ce fut
[15] On a dit qu'elle était jolie
[16] plus que tout au monde / plus que tout autre chose / de tout son cœur
[17] gâtait / choyait
[18] servait
[19] en un mot
[20] bien
[21] comme allant de soi
[22] et puis cela l'ennuya
[23] aucun
[24] prit cela en considération / en compte
[25] se succédèrent / s'écoulèrent
[26] de cette manière
[27] vivre côte à côte
[28] comme des gens qui ne se connaissaient pas

Anmerkungen

Cet extrait de la nouvelle de Luise Rinser montre comment un jeune couple voit et juge les relations au sein d'un autre couple qui va bientôt être séparé par la mort.

Ce texte ne présente pas de grandes difficultés grammaticales ou lexicales. Il permet de voir (ou revoir) la traduction de certaines conjonctions (*so, darum, denn*), du verbe de modalité *sollen*, ainsi que l'emploi de l'article partitif ou de la mise en relief. En outre, la traduction de quelques verbes de perception employés au prétérit pourrait poser problème.

Zeiten: Die meisten Verben stehen im *imparfait*, weil sie einen Zustand beschreiben und daher als Begleitumstände gelten: war (Z. 1, 5, 13, 15, 16), waren (Z. 2), erwartete (Z. 6), fühlte (Z. 7), hieß (Z. 8), liebte (Z. 15), verwöhnte (Z. 16), aufstand (Z. 17), machte (Z. 16-17), brachte (Z. 18), kaufte ein (Z. 18), verhandelte (Z. 18-19), nähte an (Z. 19), tat (Z. 19), hatten (Z. 21), wollte (Z. 22).

Im ersten und letzten Teil des Textes stehen einige Verben im *passé simple*, da es für Ereignisse verwendet wird, die in ihrem Ablauf als zeitlich begrenzt angesehen werden, oder eine Handlungskette bilden: mitteilte (Z. 4), fuhr (Z. 8), sagte (Z. 10), fand (Z. 20), langweilte (Z. 21), nahm (Z. 22), verging (Z. 24), lebten (Z. 24).

Teilungsartikel: Gemüse und Fleisch (Z. 18), sie hatten keine Kinder, denn sie wollte keine (Z. 21-22).

Pronominaladverbien: damit (Z. 21), darauf (Z. 22-23).

Wiedergabe von "es": es war Ende Februar (Z. 5), es war nass und kalt (Z. 5), es wäre ungerecht (Z. 11-12), es war ungerecht (Z. 13), er war es (Z. 16), sie fand es hübsch (Z. 20).

Wiedergabe von "so": so fuhr ich mit meinem Mann denn ab (Z. 8-9), so verging Jahr um Jahr (Z. 24).

Wiedergabe von "denn": so fuhr ich mit meinem Mann denn ab (Z. 8-9), denn sie wollte keine (Z. 22).

Ein Leben lang: Wenn "lang" einer Zeitangabe nachgestellt wird, übersetzt man es im Französischen mit *pendant*: *Pendant toute une vie*. In der gehobenen Sprache steht auch *durant* in der Bedeutung von *pendant*. *Durant* kann der Nominalgruppe voran- oder nachgestellt werden (KK § 236): *Toute une vie durant / Durant toute une vie*.

(1) Onkel Gottfried, zehn Jahre älter als seine Frau: Vor der Verwandtschaftsbezeichnung *oncle* bzw. *tante* und folgendem Vornamen ist der Gebrauch des bestimmten Artikels fakultativ (RW § 33.1): *(l')oncle Gottfried* bzw. *(la) tante Emily*. Man beachte die Kleinschreibung!

Statt *mari / femme* kann man in der gehobenen Sprache *époux / épouse* benutzen.

Wenn es darum geht, auf die Frage "um wie viel?" zu antworten, wird die Präposition *de* bei Maßangaben verwendet (RW §§ 100.1, 329.11): *Oncle Gottfried, de dix ans plus âgé que sa femme, ...*

(1-2) war sein Leben lang nicht krank gewesen: Zur Wiedergabe von "sein Leben lang" durch *toute sa vie durant* oder *pendant toute sa vie* siehe oben. In einigen Redewendungen kann jedoch die Präposition *de* in der Bedeutung von *pendant* stehen (KK § 236): *n'avait pas été malade de toute sa vie.*

(2-3) Darum waren wir sehr erstaunt, als: Die Zeitform "erstaunt sein" wird im Französischen durch eine verbale Fügung aus *être* + Partizip übersetzt, etwa durch *être étonné* und nicht durch *être surpris* ("überrascht sein").

Für die Wiedergabe des Präteritums "waren erstaunt" sind zwei Zeitformen möglich: entweder *passé simple* (*nous fûmes étonnés*) oder *imparfait* (*nous étions étonnés*). Bei Verben, die eine Gemütsbewegung ausdrücken, ist es oft sehr schwierig, ein plötzliches Erscheinen des Gefühls, also einen momentanen, punktuellen Vorgang, von einem länger andauernden Geschehen zu unterscheiden. Der Zusammenhang des deutschen Textes gestattet keine Entscheidung. Das *imparfait* hebt den Sachverhalt als Begleitumstand hervor, das *passé simple* trifft nur eine Feststellung; demnach ist das *imparfait* hier besser, das *passé simple* nicht falsch.

"Darum" im Sinne von "aus diesem Grunde, deshalb" kann durch *aussi* + Inversion des Subjekts wiedergegeben werden (RW § 352.5). In dieser Funktion kann *aussi* allerdings nur am Satzanfang stehen (Confais §§ 409, 420): *Aussi étions-nous étonnés lorsque ...* Alternativ können auch die Ausdrücke *voilà pourquoi* oder *c'est pourquoi / c'est la raison pour laquelle* verwendet werden (RW § 342). *C'est pour ça que ...* gehört der Umgangssprache an und ist deshalb unpassend.

(3-4) als uns Tante Emily auf einer Postkarte kurz mitteilte, dass er uns "noch einmal sehen möchte": Das Verb "jemandem mitteilen, dass" heißt *annoncer à quelqu'un que* oder *informer quelqu'un que*.

Für die Wiedergabe von "kurz" im Französischen eignet sich die vom Adjektiv *bref* abgeleitete Sonderform *brièvement* am besten (RW § 302.5). Umschreibungen wie *de façon / de manière brève* sind an dieser Stelle nicht angebracht. Das Adverb *courtement* existiert übrigens nicht.

Zur Angabe des Ortes kann die Präposition "auf" hier sowohl durch *sur* als auch durch *dans* ausgedrückt werden.

Das Präteritum "mitteilte" muss als einmalige Handlung mit dem *passé simple* wiedergegeben werden: *lorsque tante Emily nous annonça brièvement dans / sur une carte postale que ...*

Der verbale Ausdruck "noch einmal sehen" kann wörtlich durch *voir encore une fois* übersetzt werden. Das Verb *revoir* ("wiedersehen") ist aber durchaus akzeptabel.

(5) Es war Ende Februar: Monatsnamen werden immer klein geschrieben. Das Substantiv "Ende" wird, wenn es vor einem Monatsnamen steht, mit dem Substantiv *fin* wiedergegeben. Die Zeitangabe "Ende Februar" kann entweder allein durch *fin février* oder als Präpositionalgruppe *à la fin de février* übersetzt werden (RW § 41.3).

Das Demonstrativpronomen *ce* wird hier als neutrales Subjekt vor *être* + Substantiv gebraucht (RW § 54.1): *C'était fin février.* Zur Bezeichnung des Datums kann man auch die 1. Person Plural des Verbs *être* benutzen (RW § 100.2): *Nous étions fin février.* Häufig geht Monatsnamen *le mois de* voraus (RW § 41.3): *Nous étions à la fin du mois de février.* Alternativ kann der ganze Satz umschrieben werden: *Le mois de février touchait à sa fin.*

(5) Draußen war es nass und kalt und ich erwartete unser erstes Kind: Die Ortsangabe "draußen" heißt *dehors* oder *au dehors* (äußerlich), nicht *en dehors de* (außerhalb). Da sie am Satzanfang steht, wird sie durch ein Komma vom Satz getrennt (RW § 13.2): *dehors, ...* Dadurch wird dieses Adverb jedoch zwischen zwei Kommas isoliert: *C'était à la fin du mois de février, dehors, ...* Wird das erste Komma durch ein Semikolon ersetzt, ist der ganze Satz etwas besser lesbar: *C'était à la fin du mois de février; dehors, ...*

Zu den standardsprachlichen Bezeichnungen für Wetterphänomene gehört im Französischen der unpersönliche Ausdruck *il fait*, der mit einem unbestimmten *il* eingeleitet wird, welches dem deutschen "es" entspricht (KK § 206): *il fait chaud, froid, sec, humide, beau, mauvais ...* Nicht *c'était humide et froid.*

Die Wendung "ihr erstes Kind erwarten" wird durch *attendre son premier enfant* oder *être enceinte de son premier enfant* wiedergegeben.

In diesem Satz stehen zwei Verbformen im Präteritum ("war" "erwartete"), verbunden durch "und". Sie gelten beide als Begleitumstände und werden deshalb im Französischen mit dem gleichen Tempus, dem *imparfait*, wiedergegeben: *dehors, il faisait froid et humide et j'attendais notre premier enfant.* Eine völlig andere Bedeutung hätte der Satz *J'attendis notre premier enfant.*

(6-7) An der Unruhe, die mich gepackt hatte, fühlte ich: Das Substantiv "Unruhe" heißt hier *inquiétude* ("Sorge") und nicht *agitation* ("Ruhelosigkeit").

Die Präposition "an" in Verbindung mit dem Wahrnehmungsverb "fühlen" kann durch *à* oder durch *à cause de* (und nicht durch *par*) ausgedrückt werden. Das transitive Verb "packen" im Sinne von "überkommen" wird im Französischen mit einem ebenfalls transitiven Verb (*saisir*) übersetzt.

Das Personalpronomen *me* ("mich") geht dem transitiven Verb *saisir* im Plusquamperfekt voran. Deshalb wird das Partizip Perfekt *saisi* dem Objekt in Genus und Numerus angeglichen (RW § 246.2, KK § 378): *l'inquiétude qui m'avait saisie ...*

Auch möglich ist der Gebrauch eines Verbs, das im Französischen nur in reflexiver Form auftritt: *s'emparer de* (RW § 268.2). Bei diesem echt reflexiven Verb werden zusammengesetzte Zeiten mit dem Hilfsverb *être* gebildet, und da das Reflexivpronomen immer direktes Objekt ist, richtet sich das Partizip nach dem Subjekt (RW § 245.2): *l'inquiétude qui s'**était** emparée de moi...*

Das Relativpronomen "die" leitet einen einschränkenden Relativsatz ein, der für das Verständnis des Hauptsatzes unbedingt erforderlich ist. Deshalb wird er im Französischen nicht durch ein Komma vom Hauptsatz abgetrennt.

Zur Wiedergabe des Präteritums "fühlte" durch *imparfait* oder *passé simple* siehe Anmerkung (2-3).

(7-8) dass "noch einmal sehen" wirklich hieß: Zur Wiedergabe von "noch einmal sehen" siehe Anmerkung (3-4).

Das Verb "heißen" im Sinne von "bedeuten" wird durch *signifier* oder *vouloir dire* übersetzt. Für die Wiedergabe des Adverbs "wirklich" stehen *en réalité*, *en fait*, *réellement* oder *vraiment* zur Auswahl.

(8-9) So fuhr ich mit meinem Mann denn ab: Zur Wiedergabe von "Mann" durch *mari* oder *époux* siehe Anmerkung (1).

Im Deutschen erfüllt ein unbetontes "so" am Satzanfang oft die Funktion einer Satzverknüpfung. Die französische Entsprechung ist das Adverb *ainsi* oder der adverbiale Ausdruck *c'est ainsi que*, wobei *c'est ... que* hier nicht als Hervorhebung empfunden wird, sondern dazu dient, Sätze in einer thematisch sinnvollen Abfolge zu verknüpfen (Confais § 359, KK § 410): *C'est ainsi que je partis / Ainsi, je partis avec mon mari.* Um den Satzbau zu vereinfachen, kann man auch das Adverb *donc* benutzen: *Je partis donc avec mon mari.*

Der hier vorliegende Gebrauch des Adverbs "denn" in Aussagesätzen ist eher veraltet. Heutzutage würde man "dann" verwenden. Dieses einfache Füllwort verstärkt die Aussage und kann eine Folgerung ausdrücken. Meistens bleibt es unübersetzt.

(10-11) "Weißt du", sagte Peter: An dieser Stelle leitet "weißt du" keine Frage ein, sondern dient dazu, die Aufmerksamkeit einer Person auf sich zu ziehen, um ihr vorsichtig beizubringen, wie man über eine Sache denkt. Im Gegensatz zum Deutschen werden im Französischen Subjekt und Verb nicht umgestellt: *«Tu sais»*.

Bei Sätzen, die in die direkte Rede eingeschoben werden, steht das Verb vor dem Subjekt (RW § 352.4): *«Tu sais», dit Peter, «...»*

(10-11) "ich hätte gewünscht, dass Onkel Gottfried länger lebte als sie": Dem Konjunktiv II "hätte gewünscht" entspricht das *conditionnel passé* im Französischen: *j'aurais souhaité que ...*

Nach persönlichen Verben, die einen Wunsch ausdrücken, steht der *subjonctif* der Willensäußerung in *que*-Sätzen (RW § 210.1). Auf ein Tempus der Vergangenheit im Hauptsatz (*j'aurais souhaité*) folgt im Nebensatz nur in der gehobenen Schriftsprache der *subjonctif imparfait* (RW § 218.2). Im normalen Sprachgebrauch verwendet man den *subjonctif présent*: *«j'aurais souhaité qu'oncle Gottfried vive* (statt *vécût*) *plus longtemps qu'elle»*.

(11-12) "Umgekehrt wäre es ungerecht": In diesem Satz wird "umgekehrt" im Sinne von "sollte das Gegenteil eintreten, dann..." gebraucht. Wendungen wie *dans l'autre sens* ("andersherum") oder *à l'inverse* ("hingegen") bringen dies nicht genügend zum Ausdruck. Deshalb ist eine Umschreibung durch einen Nebensatz erforderlich, der durch *si* eingeleitet und vom Hauptsatz durch ein Komma abgetrennt wird: *si le contraire se produisait, ...*In diesem Nebensatz steht das *imparfait*, weil er eine unerfüllbare Bedingung der Gegenwart beschreibt (RW § 221.2).

(13) Es war aber ungerecht: Das Präteritum "es war" kann mit *ce fut* oder mit *c'était* wiedergegeben werden, je nachdem, ob es als Ereignis oder als Tatsache interpretiert wird.

(13-14) Onkel Gottfried hatte Tante Emily geheiratet: Das Verb *marier* gehört zu den Verben, deren Bedeutung sich ändert, je nachdem, ob sie in reflexiver oder nicht reflexiver Form vorkommen: während *se marier à / avec quelqu'un* "jemanden heiraten" heißt (RW §§ 270, 285.2), wird *marier quelqu'un* mit "jemanden trauen / verheiraten" übersetzt (KK § 186). Alternativ kann das rein transitive Verb *épouser* verwendet werden: *Oncle Gottfried avait épousé tante Emily / s'était marié avec tante Emily.*

(14-15) als sie fast noch ein junges Mädchen war: Die Wendung "fast noch ein junges Mädchen sein" kann nicht wörtlich ins Französische übertragen werden (*être presque encore une jeune fille*), sondern muss umschrieben werden: *n'être qu'une toute jeune fille.* Das Adverb *tout* ("ganz") wird vor einem konsonantisch anlautenden Adjektiv in femininer Form angeglichen (RW § 308.2, KK § 219): *toute jeune.*

Für die Wiedergabe der Konjunktion "als" bieten sich die Konjunktionen *lorsque* oder *quand* an (RW § 343). Das Präteritum "war" benennt einen Zustand und wird deshalb mit *imparfait* wiedergegeben: *Oncle Gottfried avait épousé tante Emily quand / lorsqu'elle n'était qu'une toute jeune fille.* An diesem Beispiel wird deutlich, dass *lorsque / quand* + *imparfait* nicht immer dem deutschen "wenn" + Präteritum entspricht, oder dass nach *quand / lorsque* im Sinne von "als" das *passé simple* nicht automatisch folgt (Confais § 43). Diese Feststellung trifft besonders in Zusammenhang mit Altersangaben zu.

Auch möglich ist der Gebrauch der temporalen Konjunktion *alors que*, die dem Deutschen "während" oder "als" entspricht und den Schwerpunkt auf die Zeitspanne der gleichzeitigen Handlung legt. Deshalb löst sie das *imparfait* aus, wenn der Nebensatz in der Vergangenheit steht: *Oncle Gottfried avait épousé tante Emily alors qu'elle n'était qu'une toute jeune fille.*

(15) Sie soll hübsch gewesen sein: Das Modalverb "sollen" in der Bedeutung von "es heißt, dass... / man sagt, dass..." wird mit *on dit que ...* oder *il paraît que ...* wiedergegeben (RW § 264.7). Nach beiden Ausdrücken steht heute der Indikativ, während früher *il paraît que ...* synonym zu *il semble que* verwendet wurde, und ihm deshalb der *subjonctif* folgte (Confais § 124).

Das Adjektiv "hübsch" heißt *joli(e)* und nicht *beau (bel, belle).*

Der Infinitiv Perfekt "gewesen sein" drückt die Vorzeitigkeit aus und kann im Französischen durch Imperfekt oder Plusquamperfekt wiedergegeben werden, je nachdem, ob das einleitende Verb im *passé composé* oder Indikativ Präsens steht: *On a dit qu'elle était jolie / on dit qu'elle avait été jolie*. Da der unpersönliche Ausdruck *il paraît que* nicht in die Vergangenheit gesetzt werden kann, muss die Vorzeitigkeit im Nebensatz ausgedrückt werden: *il paraît qu'elle avait été jolie*.

(15-16) und er liebte sie über alles und verwöhnte sie: Man beachte die Rechtschreibung von *par-dessus* ("über")!

Das Verb "jemanden verwöhnen" kann hier durch *gâter, choyer* oder *dorloter quelqu'un* übersetzt werden. Das Verb *gâter* entspricht auch dem Verb "verwöhnen" im Sinne von "jemanden ständig zu nachgiebig erziehen, verziehen": *des enfants gâtés* ("verzogene Kinder").

(16-17) Er war es, der morgens aufstand, Feuer machte: Ähnlich wie im Deutschen kann auch im Französischen das Subjekt des Satzes hervorgehoben werden, indem es als Subjekt eines Kopulasatzes wiedergegeben wird. Der Rest des ursprünglichen Satzes erscheint dann als Relativsatz. Im Französischen wird das Subjekt mit der Umschreibung *c'est ... qui* an den Satzanfang gestellt (RW § 358.1). Wenn das hervorgehobene Element aus einem Personalpronomen besteht, steht nach *c'est ...* das betonte Personalpronomen: *c'est lui qui ...* Weiterhin kann *c'est* in anderen Tempora erscheinen.

Tageszeitangaben ("morgens") stehen im Französischen mit dem bestimmten Artikel, wenn sie eine gewisse Regelmäßigkeit bezeichnen (RW § 41.1): *le matin*.

Die Wendung "Feuer machen" heißt *faire du feu* und nicht *faire le feu*.

Von der Mitte der Zeile 16 an bis zum Beginn der Zeile 20 bringen alle Verben oder verbale Ausdrücke Gewohnheiten oder sich wiederholende Vorgänge zum Ausdruck und werden deshalb mit *imparfait* wiedergegeben: *C'était lui qui se levait le matin, faisait du feu ...*

(17-18) und das Frühstück an ihr Bett brachte: Das Substantiv "Frühstück" wird mit einem Kompositum aus Adjektiv + Substantiv wiedergegeben (RW § 378.1): *petit-déjeuner*. Man beachte den Bindestrich.

Im Französischen muss man, wenn man das deutsche Verb "bringen" korrekt wiedergeben will, zwei Dinge beachten: a) den Standpunkt des Sprechers und b) ob eine Person oder eine Sache gebracht wird. Zum Standpunkt des Sprechers hin heißt es *amener quelqu'un* und *apporter quelque chose* und vom Standpunkt des Sprechers weg *emmener quelqu'un* und *emporter quelque chose*. Hier wird also "brachte" durch *apportait* übersetzt. Das Verb *servir* ist durchaus akzeptabel.

Die Wiedergabe des Possessivbegleiters "ihr" ("an ihr Bett") kann zu einem Missverständnis führen, wenn es wörtlich (*à son lit*) übersetzt wird. Es würde nämlich bedeuten, dass der aufmerksame Ehemann dem Bett das Frühstück serviert! An Stelle des Possessivbegleiters *son* treten deshalb ein Personalpronomen als Dativobjekt (*lui*), und zwar vor das Verb *apporter,* und der bestimmte Artikel *le* vor *lit*. Es muss also heißen: *lui apportait le petit-déjeuner au lit.*

(18) Er kaufte Gemüse und Fleisch ein: Der Kollektivbegriff "Gemüse" wird im Französischen durch das Substantiv *légumes* übersetzt, das in diesem Sinne nur im Plural gebraucht wird (RW § 25.2).

Das Fehlen des Artikels im Deutschen ("Gemüse und Fleisch") erfüllt meist die gleiche Funktion wie der französische Teilungsartikel für ein Kollektiv. Er steht in Verbindung mit nicht zählbaren Substantiven und bezeichnet eine unbestimmte Menge (RW § 36.1): *des légumes et de la viande.*

(18-19) er verhandelte mit der Putzfrau, er nähte Knöpfe an: Das zusammengesetzte Wort "Putzfrau" wird im Französischen durch ein Kompositum aus Substantiv + Präposition *de* + Substantiv übersetzt (RW § 378.1): *femme de ménage.*

In dem Zusammenhang passt das Verb *parlementer* ("verhandeln") besser als das Verb *négocier*, das sich fast ausschließlich auf Preise, Handels- und Friedensverträge bezieht.

Ein fehlender Artikel im Deutschen kann auch die Gesamtheit einer Menge bezeichnen. In diesem Fall muss man im Französischen den bestimmten Artikel verwenden (RW § 33.3, Confais § 330): *il recousait les boutons.* Der bestimmte Artikel steht übrigens in einer Reihe fester Wendungen, wie z.B. *faire la cuisine, le ménage, la vaisselle, la lessive...* (Confais § 332).

(19-20) kurzum: er tat alles: Das Adverb "kurzum" fasst das vorher Gesagte zusammen und führt es zu einem Abschluss. Im Französischen wird es durch *bref* ("kurz gesagt"), *en un mot* ("mit einem Wort"), *enfin bref* ("kurz und gut") wiedergegeben, wobei Letzteres der Umgangssprache angehört.

(20-21) Sie fand es zuerst hübsch, dann selbstverständlich, und dann langweilte er sie damit: In diesem Satz bezeichnen alle Verben Vorgänge, die aufeinander folgen ("zuerst ... dann ... und dann"), und werden deshalb im Französischen mit *passé simple* ausgedrückt (RW § 200.2, Confais § 28).

Das Adjektiv "hübsch" wird im Sinne von "in seiner Art und Weise ansprechend, angenehm" durch *agréable* und nicht wie oben durch *joli* übersetzt. In der Umgangssprache würde man es mit *pas si mal que ça* wiedergeben. Allenfalls: *bien*. Das Adjektiv "selbstverständlich" heißt *(tout) naturel, comme allant de soi*.

Das Personalpronomen "es" verweist hier auf die zahlreichen Aufgaben, die von Onkel Gottfried übernommen und bereits im vorhergehenden Satz erwähnt wurden. Wenn dieses Pronomen sich auf einen Sachverhalt und nicht auf konkrete Sachen bezieht, wird es im Französischen mit dem Demonstrativpronomen *cela* (und nicht mit dem Personalpronomen *le*) übersetzt. Genauso bezieht sich das Pronominaladverb "damit" auf einen bereits erwähnten Sachverhalt. Es wird ebenfalls mit *cela* oder – besser noch – mit *tout cela* übersetzt. Das Pronomen *ça* gehört der gesprochenen Sprache an und ist daher unpassend.

(21-22) Sie hatten keine Kinder, denn sie wollte keine: Erscheint im bejahten Aussagesatz das direkte Objekt mit dem unbestimmten oder partitiven Artikel (*ils avaient des enfants*), so steht im verneinten Satz *pas de*. Vor einem Substantiv, das mit einem Vokal beginnt (*enfants*), steht die Reduktionsform *d'* (RW §§ 42.2, 322.5): *Ils n'avaient pas d'enfants.*

Die kausale Konjunktion "denn" heißt *car* (RW § 341) und nicht *parce que* ("weil") (RW § 344).

Wenn das Pronomen "keine" allein steht, erfordert es im Französischen den Gebrauch des Pronominaladverbs *en*, das die Ergänzung *de* + Substantiv (*elle ne voulait pas d'enfants*) vertritt (Confais § 232): *car elle n'en voulait pas*. Verstärkt kann man auch *car elle n'en voulait aucun* sagen.

(22-23) und er nahm Rücksicht darauf: Der verbale Ausdruck "Rücksicht auf etwas nehmen" wird durch Wendungen wie *tenir compte de quelque chose, prendre en compte* oder *prendre en considération quelque chose* wiedergegeben. *Faire attention à quelque chose* ("auf etwas aufpassen") oder *à quelqu'un* ("auf jemanden Rücksicht nehmen") trifft hier nicht zu.

Das Präteritum "nahm" bezeichnet eine einmalige Handlung, die ihren Abschluss gefunden hat, da das Paar nie Kinder bekommen hat. Es wird daher mit *passé simple* wiedergegeben.

Das Pronominaladverb "darauf" verweist auf Tante Emilys Wunsch, keine Kinder zu bekommen, also auf einen Sachverhalt und nicht auf eine Sache. Deshalb wird es im Französischen nicht mit *en* (RW § 134.2), sondern mit dem Demonstrativpronomen *cela* übersetzt: *et il tint compte de cela* oder *et il prit cela en considération*.

(24) So verging Jahr um Jahr: Die Redewendung "Jahr um Jahr" wird durch *année après année* ausgedrückt. Tritt "Jahr um Jahr" in Verbindung mit dem Verb "vergehen" auf, so kann der Satzteil durch *les années passent / se succèdent / s'écoulent* übersetzt werden. Das Verb *se passer* (geschehen) ist hier falsch (RW § 296.9).

Diese Darstellung des Geschehens klingt wie ein Bericht und wirkt sehr distanziert. Daher wird das Präteritum "verging" mit *passé simple* wiedergegeben.

Das Adverb "so" hat hier die Bedeutung von "auf diese Weise". Seine französischen Entsprechungen sind *comme cela* (umgangssprachlich *comme ça*) oder *de cette façon*. In der Schriftsprache kann auch *ainsi* verwendet werden (Confais § 358). Im Gegensatz zum Deutschen dürfen *ainsi*, *de cette façon* und *comme cela* nicht am Satzanfang stehen. Entweder wird *de cette façon* (bzw. *ainsi*) am Satzende *(Les années passèrent ainsi / de cette façon)* belassen oder es wird durch *c'est ... que* hervorgehoben (*C'est de cette façon que les années passèrent*), wobei Letzteres nur für *de cette façon* in Frage kommt. Zum Gebrauch von *c'est ainsi que ...* als Satzverknüpfung siehe dagegen Anmerkung (8-9).

(24-25) und schließlich lebten sie nebeneinander wie fremde Leute: Das Adverb "schließlich" heißt *finalement*. In Verbindung mit einem Verb wird es häufig durch eine Verbalperiphrase wiedergegeben (RW § 307.5): *finir par* + Verb.

Das Adverb "nebeneinander" wird durch *l'un à côté / près de l'autre* wiedergegeben, weil es nur um zwei Menschen geht. Ab drei Personen müsste man *les uns à côté / près des autres* verwenden. Auch möglich ist *côte à côte* ("Seite an Seite"): *et ils finirent par vivre l'un à côté de l'autre / côte à côte ...*

Das Adjektiv "fremd" heißt hier nicht *étrange* ("seltsam, komisch"), sondern *étranger* ("unbekannt"). "Fremde Leute" wird durch *des étrangers* (und nicht *des gens étrangers*) übersetzt. Es kann auch durch *comme des gens qui ne se connaissaient pas* umschrieben werden.

Ein alter Mann stirbt: Das Adjektiv *vieux* hat eine besondere Form, wenn es bei einem männlichen Substantiv attributiv gebraucht wird, das mit einem Vokal oder einem stummen *h* beginnt und in der Einzahl steht (RW § 157): *Un vieil homme meurt.*

Das Verb *décéder* ("versterben, verscheiden") wird heutzutage fast nur in der Behördensprache verwendet. Merke: *le décès* ("Todesfall"), *l'acte de décès* ("Totenschein").

Ein Bündel weißer Narzissen: Je nachdem, worauf sich das Substantiv "Bündel" bezieht, ändert sich dessen Übersetzung: *paquet* ("Wäsche, Kleidung"), *liasse* ("Banknoten, Akten"), *botte* ("Heu, Stroh, Petersilie"). *Botte* passt hier am besten, bei Blumen ist jedoch auch *bouquet* denkbar.

Bei Mengenangaben wie *bouquet de* oder *botte de* wird das Substantiv ohne Artikel angeschlossen (RW § 43.2): *une botte / un bouquet de narcisses blancs.* Man beachte das Genus von *narcisse* und die Nachstellung des Farbadjektivs *blanc* (RW § 167).

Text Nr. 9

A travers le récit d'une scène de la vie quotidienne, l'auteur évoque la première rencontre de deux adolescents.

Ruf mal an

Sie nannten ihn Hank. Sie, das waren die anderen in der Klasse, die Clique: Fred, Nadja, Jeff, Mike, und natürlich Bea. Bea hatte blaue Augen und langes blondes Haar. Hank war, wie fast alle Jungen in der Schule, in
5 Bea verliebt, aber Bea blieb höflich, freundlich.
Aber heute abend würde sich das vielleicht ändern. Sie wollten alle zusammen ins Kino gehen und, wenn er es schaffte, neben ihr zu sitzen, könnte er sie in die Arme nehmen. Das einzige Problem dabei war, dass er vorher
10 seine Mutter anrufen musste. Nach dem Fiasko[1] mit der letzten Lateinarbeit durfte er abends nicht ausgehen. Er sah auf die Uhr, ging schneller, rannte das letzte Stück.
Die Telefonzelle war besetzt. Zuerst dachte er, es wäre ein Junge, aber es war ein Mädchen. Er ging nervös
15 um die Telefonzelle und versuchte, ihr Zeichen zu machen. Sie sah ihn nicht einmal an. Er klopfte mit einer Münze gegen die Glastür. Sie drehte sich einfach um und redete weiter. Frauen! Hank hätte sie erwürgen[2] können. Der Kerl hatte wahrscheinlich einfach aufgelegt[3]. Sie sag-
20 te noch ein paarmal "Hallo, hallo", dann legte sie auf. Hank griff nach der Tür. Unglaublich. Sie wollte noch einmal anrufen. Er schob sich an ihr vorbei und warf seine Münze rein. Wählte. Besetzt! Mist! Als er zum dritten Mal wählte, brach das Mädchen wie ein Elefant in die Tele-
25 fonzelle ein und riss ihm den Hörer aus der Hand.

Nach Irene RODRIAN in: *Liebe, was denn sonst?!* (1994)

[1] *le fiasco*
[2] jdn. erwürgen: *étrangler qn*
[3] auflegen: (ici) *raccrocher*

Passe (donc) un coup de fil !

Eux, ils l'appelaient Hank. Eux[1], c'étaient les autres dans la classe, la bande: Fred, Nadja, Jeff, Mike, et naturellement[2] Bea. Bea avait les[3] yeux bleus et de longs cheveux blonds. Comme presque tous les garçons de
5 l'école, Hank était amoureux de Bea, mais Bea restait polie, aimable[4].

Mais ce soir, cela allait peut-être changer[5]. Ils voulaient aller tous ensemble au cinéma[6] et s'il réussissait à s'asseoir[7] près d'elle, il pourrait la prendre[8] dans ses bras.
10 Le seul problème dans cette affaire, c'était qu'il devait avant appeler[9] sa mère. Après le fiasco avec le dernier devoir de latin, il n'avait pas la permission[10] de sortir le soir. Il regarda[11] sa montre, alla[12] plus vite, courut pendant la dernière partie du chemin[13].

15 La cabine téléphonique était occupée. Il pensa d'abord que c'était un garçon, mais c'était une fille. Il fit nerveusement le tour de la cabine en essayant de lui faire des signes[14]. Elle ne le regarda même pas. Il frappa avec une pièce de monnaie contre la vitre[15]. Elle se contenta
20 de se tourner et continua à parler. Ah les femmes ! Hank aurait pu l'étrangler. Vraisemblablement, le type[16] avait tout simplement raccroché. Elle dit encore quelques «allô, allô» puis raccrocha. Hank saisit la (poignée de la) porte. Incroyable. Elle voulait appeler encore une fois[17]. Il se
25 glissa à l'intérieur en passant tout près d'elle[18] et mit sa pièce (de monnaie) dans la machine[19]. Fit[20] le numéro. Occupé ! Zut ! [21] Alors qu'il faisait le numéro pour la troisième fois, la fille entra dans la cabine téléphonique tel[22] un éléphant, et lui arracha le combiné des mains.

D'après Irene RODRIAN in : *L'amour, mais quoi d'autre ?!*

Varianten

[1] "Ils"
[2] bien sûr
[3] des
[4] amicale
[5] peut-être que cela changerait / peut-être cela changerait-il
[6] aller au cinéma tous ensemble
[7] se mettre
[8] serrer
[9] Le seul hic dans l'affaire, c'était qu'il devait auparavant téléphoner à
[10] le droit
[11] jeta un coup d'œil à
[12] avança / marcha
[13] courut le reste du chemin / les derniers mètres
[14] Nerveux, il fit le tour de la cabine et essaya de lui faire des signes.
[15] la porte en verre
[16] le gars / le mec
[17] passer encore un coup de fil
[18] Il passa tout près d'elle en se glissant à l'intérieur
[19] l'appareil
[20] Composa
[21] Mince !
[22] comme

Anmerkungen

Le texte d'Irene Rodrian fait partie d'un recueil de nouvelles destinées à la jeunesse. Il nous présente dans une première partie Hank, le personnage principal, qui élabore toute une stratégie pour séduire une de ses camarades. Tout ce passage sera à retranscrire à l'imparfait de l'indicatif. La deuxième partie du texte met en scène la dispute entre Hank et une inconnue à propos d'une cabine téléphonique. Le passé simple sera donc de mise pour relater cet épisode. Il faudra aussi tenir compte du style oral de l'ensemble du texte et notamment des nombreuses interjections qui permettent de dramatiser l'expression.

Par ailleurs, la relation parents-enfants qui est suggérée par le titre de la nouvelle ("Ruf mal an") tourne autour des idées de volonté et permission, soulignées par un certain nombre de verbes de modalité ("wollen", "müssen", "dürfen") dans le texte.

Zeiten: Im ersten Teil des Textes stehen fast alle Verben im *imparfait*, das Hintergrundinformationen übermittelt und so im Besonderen zur Beschreibung von Personen dient: nannten (Z. 1), waren (Z. 1), hatte (Z. 3), war (Z. 4, 9, 13, 14), blieb (Z. 5), wollten (Z. 7), schaffte (Z. 8), musste (Z. 10), durfte (Z. 11), wollte (Z. 21).

Die meisten Verben der zweiten Texthälfte dagegen stehen im *passé simple*, da es für Ereignisse verwendet wird, die eine Handlungskette bilden: sah (Z. 12), ging (Z. 12, 14), rannte (Z. 12), dachte (Z. 13), versuchte (Z. 15), sah an (Z. 16), klopfte (Z. 16), drehte sich um (Z. 17), redete (Z. 18), sagte (Z. 19-20), legte auf (Z. 20), griff (Z. 21), schob sich vorbei (Z. 22), warf rein (Z. 22-23), wählte (Z. 23, 24), brach ein (Z. 24-25), riss (Z. 25).

Partikel: mal (Überschrift), natürlich (Z. 2-3), vielleicht (Z. 6), einfach (Z. 17, 19).

Modalverben: können (Z. 8, 18), müssen (Z. 10), dürfen (Z. 11), wollen (Z. 7, 21).

Interjektionen und Ausrufe: Frauen! (Z. 18), "Hallo, hallo" (Z. 20), unglaublich (Z. 21), besetzt! (Z. 23), Mist! (Z. 23).

Ruf mal an: Das Verb "anrufen" heißt zwar *téléphoner, appeler*, aber in Verbindung mit dem Adverb "einmal" (umgangssprachlich zu "mal" verkürzt) wird es am besten mit verbalen Ausdrücken wie *passer un coup de téléphone, un coup de fil* wiedergegeben, die der Umgangssprache angehören. *Appelle-moi* wäre falsch, da es "ruf mich an" heißt.

Die Entscheidung, ob das Adverb "einmal" hier eine temporale Funktion hat und "zu einer unbestimmten Zeit", "irgendwann" (*quand tu auras le temps*) heißt oder ohne eigentliche Bedeutung ist und den Satz nur belebt (*donc*), ist nicht eindeutig.

(1-2) Sie, das waren die anderen in der Klasse, die Clique: Das Personalpronomen "sie" kann man im Französischen entweder mit dem unverbundenen Personalpronomen *eux* (RW § 140.7, 357.1) oder mit dem verbundenen Personalpronomen *ils*, in Anführungsstriche gesetzt, übersetzen.

In Gleichungssätzen mit *être* wird das Subjekt durch das Demonstrativpronomen *ce* wiederaufgenommen, wenn als Prädikatsergänzung ein Substantiv folgt. Das Prädikat nach *ce* kann in diesem Fall gleichermaßen im Singular oder im Plural stehen, unabhängig davon, ob ein Substantiv im Singular oder Plural folgt (RW § 369.3): *c'était / c'étaient les autres* ...

Das Substantiv "Clique" hat im Deutschen nicht den abwertenden Wert, den das französische Wort *clique* hat. Hier wird es mit *la bande* (und nicht mit *le cercle d'amis*) übersetzt.

(3-4) Bea hatte blaue Augen und langes blondes Haar: Im Gegensatz zum fehlenden Artikel im Deutschen steht im Französischen der bestimmte Artikel in den Wendungen *avoir* + Nomen + Adjektiv (RW § 33.5): *avoir les yeux bleus*. Hier kann an Stelle des bestimmten Artikels *les* auch der unbestimmte Artikel im Plural verwendet werden, ohne dass es zu einem Bedeutungsunterschied kommt: *avoir des yeux bleus*. Dies ist immer dann der Fall, wenn *les* nicht durch *quelques* ersetzt werden kann.

Im zweiten Satzteil muss man auf die Stellung mehrerer Adjektive beim Nomen achten. Während alle Farbadjektive üblicherweise nachgestellt (RW § 167) werden, wird *long* meist vorangestellt (RW § 165.1). Hinzu kommt, dass das Substantiv mit vorangestelltem Adjektiv im Plural ohne Artikel steht (RW § 31.1): *de longs cheveux blonds*.

(4-5) Hank war ... in Bea verliebt: Die Wendung "in jemanden verliebt sein" wird mit *être amoureux de* wiedergegeben. Die Übersetzung mit *tomber amoureux de quelqu'un* ist hier falsch, weil es "sich in jemanden verlieben" bedeutet.

(4) wie fast alle Jungen in der Schule: Die präpositionale Wendung "in der Schule" bringt zwar den Aspekt des Räumlichen in den Satz ein, sie drückt aber in Verbindung mit dem Substantiv "Jungen" eine Teil-Ganzes-Beziehung (Blumenthal § 2.2.4) aus und wird daher nicht mit einer Ortsangabe wie *à* oder *dans l'école*, sondern mit einem Genitivattribut (*de l'école*) übersetzt (RW § 329.2): *comme presque tous les garçons de l'école*.

(5) aber Bea blieb höflich, freundlich: Das Adjektiv "freundlich" kann sowohl das Wesen des Mädchens als auch ihr Verhalten bezeichnen und wird entsprechend im Französischen mit *aimable* oder *amical* wiedergegeben. *Gentil* nett wäre hier zu oberflächlich.

(6) Aber heute abend: Das Demonstrativadjektiv *ce* in Verbindung mit Angaben der Tageszeit verweist auf denselben Tag, an dem diese Äußerung getan wird (RW § 48.4, KK § 54): *ce soir*. Diese adverbiale Bestimmung wird durch ein Komma vom Satz getrennt, weil sie am Satzanfang steht (RW § 13.2).

(6) würde sich das vielleicht ändern: Das Verb *changer* ("sich ändern") gehört zu den Verben, die im Gegensatz zum Deutschen nicht reflexiv gebraucht werden (RW § 271). Der Ausdruck *se changer* ist falsch, weil er dem deutschen "sich umziehen" entspricht (RW § 277.2).

Das Demonstrativpronomen *cela* ("das") wirkt hervorhebend und wird als eigentliches neutrales Subjekt bei allen transitiven und intransitiven Verben gebraucht (RW §§ 55.1, 55.3).

In der Folge wird dem Leser Einblick in die Gedanken und Empfindungen des Protagonisten gewährt, die in der dritten Person, aber ohne einleitendes Verb des Sagens oder Denkens wiedergegeben werden (RW § 371). In dieser Erzählform zwischen direkter und indirekter Rede, die "erlebte Rede" genannt wird, gelten für die Zeitenfolge die Regeln der indirekten Rede, d.h. Konditional wird zum Ausdruck der Zukunft gebraucht: *cela changerait*. Für Handlungen, die in einer sehr nahen Zukunft stattfinden (und – wie im Text – auf einer eher umgangssprachlichen Ebene beschrieben werden), eignet sich jedoch am besten das *futur proche* mit *aller* im Imperfekt + Infinitiv (RW § 206): *cela allait changer*.

Wenn der Satz durch das Modaladverb *peut-être* eingeleitet wird, ist die Inversion des Subjekts obligatorisch. Sie kann umgangen werden durch Einfügen von *que* oder durch Stellung des Adverbs rechts vom Verb (RW § 305, KK § 265)*: peut-être cela changerait-il / peut-être que cela changerait / cela changerait peut-être.*

(7) Sie wollten alle zusammen ins Kino gehen: Das Pronomen *tous* ("alle") kann in Subjektfunktion prädikativ gebraucht werden (KK § 143): *Ils voulaient tous aller au cinéma.* Das Adverb *ensemble* kann entweder nach dem Verb oder am Satzende stehen (RW § 305.4). Die Kombination "alle zusammen" wird aber im Französischen durch *tous ensemble* wiedergegeben.

(7-8) und, wenn er es schaffte, neben ihr zu sitzen: Das "es" in "es schaffen" wird im Französischen nicht ausgedrückt (RW § 132.5). Der Wendung "es schaffen, etwas zu tun" entsprechen im Französischen folgende Verben: *arriver à / parvenir à / réussir à faire quelque chose* (RW §§ 258.1, 263.3).

Im Gegensatz zum Verb *s'asseoir* ("sich setzen") beschreibt das Verb *être assis* ("sitzen") nicht einen dynamischen Prozess, sondern einen statischen Zustand und passt somit nicht zu den oben zitierten Verben, in denen die Idee einer Anstrengung enthalten ist.

Da in diesem *si*-Satz eine erfüllbare Bedingung vorliegt, würde in der direkten Rede Indikativ Präsens und auf keinen Fall Futur I oder Konditional stehen (RW § 221.1). Nach den Regeln der Zeitenfolge ist deshalb in der erlebten Rede Indikativ Imperfekt anzuwenden (RW § 371). Da dieser Nebensatz dem Hauptsatz vorangeht, muss er mit einem Komma abgeschlossen werden (RW § 13.2): *s'il parvenait à s'asseoir près d'elle, ...*

(8-9) könnte er sie in die Arme nehmen: Im Gegensatz zum Deutschen wird im Französischen bei Wendungen mit Körperteilen das Possessivadjektiv gebraucht: *prendre / serrer quelqu'un dans **ses** bras.*

(9) Das einzige Problem dabei war, dass er: Die Nominalgruppe "das einzige Problem" wird mit *le seul / l'unique problème* oder *le seul hic* übersetzt , wobei Letzteres der Umgangssprache angehört.

Das Adverb "dabei" bezieht sich auf das eben Erwähnte und wird nicht mit *y* oder *dedans*, sondern mit *dans cette affaire, dans cette histoire* wiedergegeben. Auch möglich sind *à propos de tout cela* oder *dans tout cela.*

Das Demonstrativpronomen *ce* wird zur Wiederaufnahme eines vorangehenden Satzes oder Ausdrucks verwendet, wenn das Prädikatsnomen durch einen *que*-Satz vertreten wird (RW § 54.3): *Le seul problème dans cette affaire, **c**'était **qu**'il ...*

(9-10) dass er vorher seine Mutter anrufen musste: Hier kann das Modalverb "müssen" entweder mit *il faut que* + Konjunktiv (RW § 210.2) oder *devoir* + Infinitivsatz (RW § 257.1) wiedergegeben werden: *qu'il fallait qu'il appelle sa mère / qu'il devait appeler sa mère.*

Die Adverbien *avant* und *auparavant* ("vorher") können voran- oder nachgestellt werden. Wenn diese adverbialen Bestimmungen am Satzanfang stehen, werden sie durch ein Komma vom Satz getrennt (RW § 13.2): *qu'avant, il devait appeler sa mère.*

(10-11) Nach dem Fiasko mit der letzten Lateinarbeit: Das Wort "Arbeit" steht hier für "Klassenarbeit" und wird im Französischen nicht mit *examen*, sondern mit *test, contrôle* oder *devoir* übersetzt. Die Präposition *de* schließt sich dem Substantiv an: *contrôle / test / devoir **de** latin.*

(11) durfte er abends nicht ausgehen: Für die Wiedergabe von "nicht dürfen" stehen im Französischen die verbalen Ausdrücke *ne pas devoir, ne pas avoir le droit / la permission / l'autorisation* zur Verfügung, wobei die letzten drei die fehlende Erlaubnis präzise zum Ausdruck bringen (RW § 264.2).

Das Adverb "abends" wird mit *le soir* wiedergegeben. *Tous les soirs* ist hier falsch, weil es "jeden Abend" bedeutet.

(11-12) Er sah auf die Uhr, ging schneller, rannte das letzte Stück: Die Verbform ("sah") wird durch das präpositionale Objekt "auf die Uhr" ergänzt, welches die Richtung des Blickes angibt. Eine wörtliche Übersetzung mit *voir* + Präposition ist jedoch im Französischen nicht möglich. Statt dessen gebraucht man das Verb *regarder* ohne Präposition (*regarda sa montre*) oder den verbalen Ausdruck *jeter un coup d'œil* mit Präposition (*jeta un coup d'œil à sa montre*). Man beachte den Gebrauch des Possessivadjektivs in Verbindung mit Accessoires (RW § 62.1). Auch möglich ist *il regarda l'heure*.

Die Steigerungsform "ging schneller" kann durch ein Verb (*accélérer*) oder einen verbalen Ausdruck (*aller plus vite / plus rapidement*) wiedergegeben werden.

Die Nominalgruppe "das letzte Stück" kann nicht wörtlich ins Französische übertragen werden, sondern muss mit *courut les derniers mètres* oder *la dernière partie du chemin* umschrieben werden.

(13) Die Telefonzelle war besetzt: Das zusammengesetzte Wort "Telefonzelle" wird im Französischen mit *cabine téléphonique* übersetzt (nicht mit *cellule du téléphone*).

(13-14) Zuerst dachte er, es wäre ein Junge: Die Konstruktion ohne dass-Anschluss kann man im Französischen nicht wörtlich wiedergeben, weil nach dem Verb *penser* ("denken") ein Objektsatz erforderlich ist, der durch die Konjunktion *que* eingeleitet wird.

In diesem Text, der sich formal an der gesprochenen Sprache orientiert, wird Konjunktiv I ("sei") zum Konjunktiv II ("wäre"). Im Französischen dagegen stehen nur ein Modus und ein Tempus zur Verfügung: Indikativ Imperfekt .

Hinter dem Adverb *d'abord*, das am Satzanfang steht, muss ein Komma gesetzt werden (RW § 13.2*): D'abord, il pensa que c'était un garçon.*

(14-15) Er ging nervös um die Telefonzelle: Die Verbalgruppe wird nicht mit *aller autour,* sondern mit *faire le tour de la cabine téléphonique* wiedergegeben. Möglich ist llenfalls: *marcher autour.*

Entweder macht man im Französischen aus dem Adverb "nervös" eine Apposition (*nerveux*), die durch ein Komma vom Bezugswort ("Er") getrennt wird (RW § 351.6), oder es wird mit einem Adverb auf *-ment* (*nerveusement*) übersetzt.

(15-16) und versuchte, ihr Zeichen zu machen: Man darf *faire des signes à quelqu'un* ("jemandem Zeichen machen") nicht mit *faire signe à quelqu'un de faire quelque chose* ("jemandem bedeuten, etwas zu tun") verwechseln (RW § 259.5).

Dieser und der vorhergehende Satz können mit *et* aneinander gereiht werden (*et essaya*) oder als Hauptsatz mit folgendem *gérondif*-Satz konstruiert werden. Miteinander einhergehende Vorgänge werden häufig vorteilhaft durch das *gérondif* verbunden, vor allem, wenn ein Verb der Bewegung genauer charakterisiert werden soll: *Il fit le tour de la cabine téléphonique en essayant de lui faire des signes.*

(16) Sie sah ihn nicht einmal an: Hier wird das Verb "ansehen" nicht mit *voir,* sondern mit *regarder* übersetzt. Das Verb *regarder* bezeichnet explizit ein bestimmtes Engagement der betreffenden Person, benennt also eine willentliche Handlung, im Gegensatz zur bloßen visuellen und punktuellen Wahrnehmung, die das Verb *voir* beinhaltet.

Die Verneinungselemente *ne ... même pas* ("nicht einmal") umschließen Objektpronomen und konjugierten Prädikatsteil (RW §§ 312, 316): *elle **ne** le regarda **même pas.***

(16-17) Er klopfte mit einer Münze gegen die Glastür: Das Verb "klopfen" in Verbindung mit der Präposition "gegen" wird hier mit *frapper à* oder mit *frapper contre* (und nicht mit *battre, cogner* oder *taper*) übersetzt.

Das Wort "Münze" heißt nicht *pièce d'argent* (Silberstück), sondern *pièce de monnaie* oder einfach *pièce.*

Für die Wiedergabe des zusammengesetzten Wortes "Glastür" ist die Nominalgruppe *porte vitrée* unpassend, weil es eine Tür in einem Haus oder einer Wohnung bezeichnet, deren oberer Teil aus Glas ist. Hier handelt es sich um eine Tür aus Glas. Zur Angabe des Materials gebraucht man im Französischen die Präpositionen *de* oder *en* (RW §§ 329.9, 330.4): *porte en / de verre.* Möglich ist allenfalls: *vitre.*

(17-18) Sie drehte sich einfach um und redete weiter: Das Verb "sich drehen" wird ohne Bedeutungsunterschied mit *se tourner* oder *se retourner* übersetzt. Der verbale Ausdruck *faire demi-tour* ("umkehren oder sich um 180 Grad drehen") wäre hier falsch.

Der Ausdruck "drehte sich einfach um" wird im Französischen entweder durch Verb + *simplement* (*elle se tourna / se retourna simplement*) oder eine Verbalperiphrase mit *se contenter de* + Verb (*elle se contenta de se tourner / se retourner*) wiedergegeben. Eine Umschreibung durch *ne fit que se tourner* ist nicht möglich, weil *ne faire que* + Infinitiv "nichts anderes tun als" bedeutet.

Dem deutschen Adverb "weiter" entspricht kein französisches Adverb, es muss in Zusammensetzung mit Verben wie "reden" verbal umschrieben werden, etwa mit *continuer à / de parler* (RW § 307.5).

(18) Frauen!: Diese Interjektion drückt die Entrüstung des Protagonisten aus und wird nicht mit *Femmes !*, sondern mit ***les** femmes !* übersetzt. Im Gegensatz zum fehlenden Artikel im Deutschen steht im Französischen der bestimmte Artikel bei Ausrufen (RW § 33.11). Um den ganzen Ausdruck noch zu betonen, kann eine weitere Interjektion hinzugefügt werden : *Ah les femmes !*

(19) Der Kerl hatte wahrscheinlich einfach aufgelegt: Das Substantiv "Kerl" kann mit *type, gars* oder *mec* übersetzt werden, wobei Letzteres der modernen Umgangssprache angehört und nicht unbedingt salonfähig ist.

Das Adverb "wahrscheinlich" kann im Französischen mit den Adverbien *probablement* oder *vraisemblablement* wiedergegeben werden, die, wenn sie am Satzanfang stehen, vom Satz durch ein Komma abgetrennt werden. Die Inversion des Subjekts ist nach *probablement* möglich (RW § 352).

Zur Wiedergabe von "einfach" siehe Anmerkung (17-18).

(19-20) Sie sagte noch ein paarmal "Hallo, hallo": Die Interjektion "Hallo" wird im Französischen mit *allô* übersetzt.

Der adverbiale Ausdruck "ein paarmal" wird hier allein mit dem adjektivischen Indefinitpronomen *quelques* ausgedrückt. *Quelques fois* ("einige Male") wirkt in dem Satz schwerfällig.

(21) Hank griff nach der Tür: Der verbale Ausdruck "nach etwas greifen" heißt *saisir quelque chose*. Im Französischen klingt aber *saisit la porte* merkwürdig, weil es eher so klingt, als ob er nach der ganzen Tür greifen würde. Statt dessen greift er natürlich nach dem Griff zum Öffnen oder Verschließen der Tür. Man sollte deshalb besser *la poignée de la porte* ("Türklinke") hinzufügen.

(22) Er schob sich an ihr vorbei: Das Adverb "vorbei" in Zusammensetzung mit einem Bewegungsverb wird im Französischen durch eine Verbalperiphrase wiedergegeben: *passer à côté / devant quelqu'un*. Damit wäre aber das Verb "sich schieben" nicht voll ausgeschöpft. Es wird nicht mit *se pousser*, sondern *se glisser à l'intérieur* oder *se frayer un chemin* ausgedrückt. Um den Satzbau zu vereinfachen, gebraucht man am besten einen *gérondif*-Satz: *Il se glissa à l'intérieur en passant près d'elle*.

(22-23) und warf seine Münze rein: Für die Wiedergabe von "einwerfen" können *mettre* oder *insérer* verwendet werden.

Das Adverb "rein" heißt hier nicht *y* oder *dedans*, sondern es muss mit *dans la machine* oder *dans l'appareil* umschrieben werden.

(22) Wählte. ... Mist!: Das Verb "wählen" im Sinne von "eine Nummer wählen" wird nicht mit *choisir*, sondern mit *composer le numéro* oder einfach *faire le numéro* wiedergegeben.

Die umgangssprachliche Interjektion "Mist!" als Zeichen des Ärgers kann man mit *Mince !* oder *Zut !*, auf gar keinen Fall aber mit dem derben Ausdruck *Merde !* übersetzen.

(23-24) Als er zum dritten Mal wählte: Für die Wiedergabe der Konjunktion "als" ist zwischen *alors que* oder *lorsque / quand* zu wählen (RW § 343). Die temporale Konjunktion *alors que* leitet einen Nebensatz ein. Sie entspricht dem Deutschen "während" oder "als" und legt den Schwerpunkt auf die Zeitspanne der gleichzeitigen Handlung. Deshalb löst sie das *imparfait* aus, wenn der Nebensatz in der Vergangenheit steht: *Alors qu'il faisait le numéro pour la troisième fois, ...* Die Konjunktionen *lorsque* und *quand* in Verbindung mit dem *passé simple* bezeichnen dagegen einen Zeitpunkt innerhalb des Handlungsgefüges: *Lorsqu'il / Quand il fit le numéro pour la troisième fois.* Alle diese Konjunktionen der Gleichzeitigkeit stehen mit dem Indikativ.

Zur Kommasetzung nach einem einleitenden Nebensatz siehe Anmerkung (7-8).

(23-24) brach das Mädchen wie ein Elefant in die Telefonzelle ein: Das Verb "einbrechen" im Sinne von gewaltsam eindringen wird nicht mit *cambrioler* (um zu stehlen) oder *envahir* ("einfallen, stürmen"), sondern mit *entrer* oder *pénétrer* übersetzt.

Der Vergleichssatz kann durch das adjektivische Indefinitpronomen *tel* ohne Verb angeschlossen werden (RW § 84.1). Dabei kann sich *tel* nach dem ersten oder dem zweiten Glied des Vergleichs richten: *la fille entra dans la cabine téléphonique tel(le) un éléphant.* Das Adverb *comme* ist durchaus akzeptabel.

(25) und riss ihm den Hörer aus der Hand: Das Verb "wegreißen" heißt im Französischen *arracher.* Die Präpositionalgruppe "aus der Hand" wird nicht mit *de la main*, sondern mit *des mains* wiedergegeben.

Das Substantiv "Hörer" wird mit *combiné* übersetzt. Das Wort *écouteur* bezeichnet einen Kopfhörer oder einen kleinen Lautsprecher zum Mithören am Telefon und wäre im Kontext nicht richtig.

Liebe, was denn sonst?!: Im Gegensatz zum Deutschen steht vor Abstrakta der bestimmte Artikel (RW §§ 32.2, 33.3): *L'amour.*

Das Adverb "sonst" steht umgangssprachlich für "ander(e)s". Für die Übersetzung des zweiten Satzteils "was denn sonst" ins Französische ist es hilfreich, eine ähnliche Wendung ("Wer denn sonst?": *Qui d'autre ?*) zum Vergleich heranzuziehen. Nach diesem Modell kann man den Titel des Werkes mit *L'amour, mais / et quoi d'autre ?!* übersetzen.

Text Nr. 10

Lenz, un jeune intellectuel gauchiste, éprouve d'énormes difficultés à vivre en Allemagne selon ses convictions politiques.
Il part pour l'Italie.

Lenz blieb. Er schrieb keine Briefe und telefonierte nicht mehr nach Deutschland. Er sehnte sich nirgends zurück und nirgendwo hin. Er lernte wie ein Kind sprechen, durch Nachahmung und Beobachtung. Es fiel nicht
5   mehr auf, wenn er nach einem Wort fragte, das er nicht verstand. Er ging auf die Versammlungen und redete dort, als gehörte er dazu. Da er die Bedürfnisse der Studenten und der Arbeiter, die er kennenlernte, jeden Tag offen vor sich sah, zweifelte er nicht an den Begriffen, mit denen er
10   sie ausdrückte. Er las wieder viel. Er beteiligte sich daran, die Arbeit der Studenten aus der Universität hinauszutragen in die Stadtviertel und Fabriken, er machte sich Feinde. Manchmal, wenn er aus seinem Fenster hinaus sah auf die Berge, erinnerte er sich mit einer gewissen Unru-
15   he an ein Kunststück, das ihm als Kind Eindruck gemacht hatte. Ein Seiltänzer[1] balancierte auf einem Drahtseil, das von einem Haus zur Kirche gespannt war, mit einem langen Stab[2] in den Händen bergan.
Es ging ihm gut, wenn er durch die paar Straßen des
20   Zentrums ging. Er sah alles und wurde gesehen. (…) Es gab keinen Grund, irgendetwas von sich zu verstecken.

Nach Peter SCHNEIDER, *Lenz – Eine Erzählung* (1973)

[1] der Seiltänzer: *le funambule*
[2] der Stab: (ici) *la perche*

Lenz resta. Il n'écrivit pas de lettres[1] et ne téléphona plus en Allemagne. Il n'avait plus aucun désir de rentrer ni de partir[2]. Il apprenait[3] à parler comme un enfant, en imitant et en observant[4]. On ne faisait plus attention quand il
5   demandait la signification[5] d'un mot qu'il ne comprenait pas. Il se rendait[6] aux réunions[7] et y parlait[8] comme s'il en faisait partie. Comme il constatait chaque jour ouvertement les besoins des étudiants et des ouvriers dont il faisait la connaissance, il ne doutait pas des termes par les-
10 quels il les exprimait. Il lisait de nouveau[9] beaucoup. Il aidait à propager[10] le travail des étudiants de[11] l'université jusque dans les quartiers et les usines, il se faisait des ennemis. Parfois, quand il regardait les montagnes de sa fenêtre[12], il se rappelait avec une certaine inquiétude un
15 tour d'adresse[13] qui lui avait fait grande impression[14] quand il[15] était enfant[16]. Un funambule, en équilibre sur un filin[17] tendu entre une maison et l'église, montait[18] avec une longue perche dans les mains.

Il se sentait bien[19] quand il traversait les quelques
20 rues[20] du centre. Il voyait tout et on le voyait. (…) Il n'y avait aucune raison de cacher quelque chose[21] de soi-même.

D'après Peter SCHNEIDER, *Lenz – Récit* (1973)

Varianten

[1] Il n'écrivit aucune lettre
[2] Il ne désirait ni retourner à un endroit quelconque ni aller où que ce soit.
[3] apprit
[4] à force d'imiter et d'observer
[5] l'explication
[6] allait
[7] assemblées
[8] prenait la parole
[9] Il se remettait à lire
[10] diffuser / transmettre
[11] hors de / en dehors de
[12] par sa fenêtre
[13] il se souvenait ... d'un numéro acrobatique
[14] qui l'avait impressionné
[15] lorsqu'il
[16] un tour d'adresse qui, enfant, lui avait fait grande impression.
[17] sur un câble métallique
[18] montait vers le clocher
[19] allait bien
[20] déambulait / marchait / flânait dans les quelques rues
[21] quoi que ce soit / ce fût

Anmerkungen

Le texte de Peter Schneider nous montre comment Lenz, après avoir quitté l'Allemagne pour l'Italie, «réapprend» son travail de militant. Le début du passage retrace le moment où le personnage décide de rester et de «couper les ponts» avec son passé (verbes au passé simple). Suit une longue description de ses faits et gestes (verbes à l'imparfait) qui montrent qu'il amorce une nouvelle vie en Italie.

Zeiten: Die meisten Verben stehen im *imparfait*, weil sie entweder einen Zustand beschreiben und daher als Begleitumstände gelten oder gewohnheitsmäßige Handlungen in der Vergangenheit bezeichnen: sehnte (Z. 2), lernte (Z. 3), fiel auf (Z. 4-5), fragte (Z. 5), verstand (Z. 6), ging (Z. 6, 19, 20), redete (Z. 6), gehörte (Z. 7), kennenlernte (Z. 8), sah (Z. 9, 14, 20), zweifelte (Z. 9), ausdrückte (Z. 10), las (Z. 10), beteiligte (Z. 10), machte (Z. 12), erinnerte (Z. 14), balancierte (Z. 16), war gespannt (Z. 17), wurde gesehen (Z. 20), gab (Z. 21).

Nur ein paar Verben stehen im *passé simple*, da es für Ereignisse verwendet wird, die in ihrem Ablauf als zeitlich begrenzt angesehen werden, oder eine Handlungskette bilden: blieb (Z. 1), schrieb (Z. 1), telefonierte (Z. 1).

(1) Lenz blieb: Die Hauptfigur hält es in Deutschland nicht mehr aus und fährt nach Italien, wo er sich eine Zeitlang aufhält. Das Präteritum "blieb" bezieht sich auf den Moment der Entscheidung zu bleiben und wird deshalb als zeitlich begrenzte, völlig abgeschlossene Handlung durch das *passé simple* wiedergegeben (RW § 199).

(1-2) Er schrieb keine Briefe und telefonierte nicht mehr nach Deutschland: Das Präteritum bringt hier zwei aufeinander folgende Vorgänge zum Ausdruck, die durch die Konjunktion "und" verbunden werden. Im Französischen stehen deswegen ebenfalls beide Verbformen im *passé simple* (RW § 200.2).

Die Verneinung des unbestimmten Artikels wird durch *pas de* (nicht durch *pas des*!) ausgedrückt (RW § 322.5).

Die Präposition "nach" wird im Französischen mit *en* übersetzt: *il ne téléphona plus / ne passa plus de coups de fil en Allemagne.* Möglich ist auch eine Konstruktion mit der Präposition *vers* und einem anderen Verb: *il ne passa plus d'appels vers l'Allemagne.*

(2-3) Er sehnte sich nirgends zurück und nirgendwo hin: Dieser Satz gibt den eigentlichen (Hinter-)Grund für Lenzens Verhalten an. Das Präteritum wird deshalb im Französischen mit dem *imparfait* wiedergegeben.

Für die deutsche Redewendung "sich nirgends zurücksehnen" findet sich im Französischen zwar eine Entsprechung (*avoir la nostalgie de nulle part*), aber es besteht keine Möglichkeit, den zweiten Teil des Satzes "und nirgendwo hin" wörtlich zu übersetzen. Der Satz muss daher umschrieben werden, indem man aus den beiden Richtungsadverbien "zurück" und "hin" zwei Verben (*retourner* oder *rentrer* und *partir*) macht. Die Verneinungswörter "nirgends" und "nirgendwo" können weglassen oder durch eine Nominalgruppe (*un endroit quelconque*) und einen Relativsatz (*où que ce soit*) ersetzt werden (RW § 217.6).

(3-4) Er lernte wie ein Kind sprechen: Hier setzt die Beschreibung der Gewohnheiten und Verhaltensweisen ein, die im Französischen mit dem *imparfait* wiedergegeben werden (KK § 386).

Nach dem Verb *apprendre* steht der Infinitiv mit der Präposition *à*: *il apprenait à parler comme un enfant* (RW § 258.1).

(4) durch Nachahmung und Beobachtung: Das Wort "Beobachtung" wird hier nicht mit *surveillance*, sondern mit *observation* übersetzt und darf mit "Betrachtung" (*contemplation*) nicht verwechselt werden.

Die Präposition "durch" kann mit *par* wiedergegeben werden, welche zur Angabe des Mittels dient (RW § 331.4). Vor den beiden Abstrakta muss allerdings ein bestimmter Artikel stehen (RW § 32.2 und 33.3): *par l'imitation et l'observation*. Bevorzugt wird hier das *gérondif* verwendet (RW § 254.2): *en imitant et en observant*. Auch eine Konstruktion mit Infinitivsatz (*à force d'imiter et d'observer*) ist möglich (RW § 262.5).

(4-5) Es fiel nicht mehr auf: Dieser unpersönliche Ausdruck wird im Französischen durch eine unpersönliche Konstruktion mit *on* wiedergegeben (RW § 96): *on ne faisait plus attention*. Wenn man unbedingt das Verb *remarquer* verwenden möchte, dann muss es reflexiv gebraucht werden: *cela ne se remarquait plus*.

(5) wenn er nach einem Wort fragte: Das Präteritum wird hier mit dem Imperfekt wiedergegeben, weil es zur Verdeutlichung von Wiederholungen in der Vergangenheit verwendet wird (RW § 196.2), was durch die Konjunktion "wenn" hervorgehoben wird.

Aufgrund der semantischen Vielfalt des Verbs *demander* (RW § 296.4) ist die wörtliche Übersetzung von "nach einem Wort fragte" (*demandait un mot*) nicht ausreichend. Die vorgeschlagene Übersetzung (*demandait la signification / l'explication d'un mot*) gibt den Sinn des deutschen Ausdrucks klarer und erschöpfender wieder.

(5-6) das er nicht verstand: Dieser Relativsatz stellt eine Hintergrundinformation dar und steht deshalb im *imparfait* (KK § 386 und Confais § 41).

(6) Er ging auf die Versammlungen: Das Wort "Versammlung" wird hier mit *réunion* oder *assemblée* übersetzt, nicht mit *conférence* ("Besprechung, Konferenz"), *rassemblement* ("Auflauf") oder *rencontre* ("Begegnung, Treffen").

Der Präposition "auf" entspricht hier die Präposition *à* zur Angabe des Ortes (RW § 325).

(6-7) und redete dort, als gehörte er dazu: Hier wird das Ortsadverb "dort" im Französischen nicht mit *là-bas*, sondern mit dem Pronominaladverb *y* übersetzt (RW § 135.1): *et y parlait*.

Das deutsche Verb "dazugehören" wird mit dem Ausdruck *faire partie de* und nicht mit *appartenir à* ("gehören zu") wiedergegeben; *aller avec* wäre ganz unpassend, da dieser Ausdruck nur für Sachen verwendbar ist.

Obwohl der Bedingungssatz "als gehörte er dazu" im Konjunktiv steht, folgt im Französischen auf *comme si* kein *subjonctif*, sondern Indikativ Imperfekt, wenn damit eine unrealistische Hypothese ausgedrückt wird (RW § 348): *comme s'il en faisait partie.*

(7-9) Da er ... jeden Tag offen vor sich sah: Dieser Adverbialsatz liefert dem Leser Hintergrundinformationen und wird im Französischen mit einem Kausalsatz im Imperfekt übersetzt, der durch die Konjunktion *comme* ("da") eingeleitet wird.

Der verbale Ausdruck "offen vor sich sah" kann mit *constater ouvertement* umschrieben werden, weil es weniger schwerfällig ist als die wörtliche Übersetzung (*voyait ouverts devant lui*).

(8) der Arbeiter: Im Französischen heißt der "Arbeiter" *ouvrier* oder *travailleur*. Letzteres erinnert allerdings ganz spezifisch an die Geschichte der Arbeiterbewegung und den Klassenkampf in Frankreich. Ohne politischen Unterton tritt es eher in Redewendungen wie *un travailleur consciencieux* ("ein gewissenhafter Arbeiter") auf.

Employé ("Angestellter") wäre hier ganz falsch: der Arbeiter erhält nämlich einen Stundenlohn (*salaire horaire*), der Angestellte ein Gehalt (*traitement*).

(8) die er kennenlernte: Zum Gebrauch des Imperfekts in diesem Relativsatz siehe Anmerkung (5-6).

Da die Bezugswörter ("Studenten" und "Arbeiter") durch diesen Relativsatz näher bestimmt werden, steht im Französischen kein Komma zwischen *ouvriers* und dem Relativpronomen (RW § 143.1).

Das Verb "kennenlernen" wird nicht wörtlich (*apprendre à connaître*), sondern mit *faire connaissance avec* oder *faire la connaissance de* übersetzt. Man beachte folgende Fügungen: entweder mit präpositionaler Ergänzung (RW § 148): *avec qui / lesquels il faisait connaissance*, oder mit dem Relativpronomen *dont* (RW § 147.1): *dont il faisait la connaissance.*

(9) zweifelte er nicht an den Begriffen: Für das Wort "Begriff" gibt es viele Entsprechungen im Französischen: *terme, concept, notion.*

Das französische Verb *douter* ("zweifeln") kann ein ihm zugeordnetes Objekt nur als indirektes Objekt mit *de* anschließen (RW § 286.1) und darf nicht mit dem Verb *se douter* ("ahnen") verwechselt werden, das auch mit *de*-Objekt verbunden wird (RW § 277.2). Allenfalls: *n'avait aucun doute sur les termes / ne mettait pas en doute les termes.*

(9-10) mit denen er sie ausdrückte: Zum fehlenden Komma vor dem Relativsatz siehe Anmerkung (8).

Die Präposition "mit" kann im Französischen mit *avec* oder *par* übersetzt werden, wobei ein leichter Unterschied zwischen beiden Präpositionen vorliegt: während *avec* das verwendete Mittel oder Werkzeug genau angibt, drückt *par* das Mittel aus, durch das etwas zustande kommt (RW § 331.4).

(10) Er las wieder viel: Das Adverb "wieder" in Verbindung mit "lesen" wird im Französischen nicht mit *lire encore* ("immer noch lesen") oder *relire* ("noch einmal lesen") übersetzt. Die Wiedergabe von "wieder" mit *de nouveau* (erneut) ist nicht gleichbedeutend wie mit *à nouveau* ("noch einmal, aber anders"): *lire de nouveau* ist in diesem Zusammenhang daher passender. Eine andere Übersetzungsmöglichkeit besteht darin, das Verb *se remettre* à + Infinitiv zu gebrauchen: *il se remettait à lire beaucoup.*

(10-12) Er beteiligte sich daran, die Arbeit der Studenten ... hinauszutragen: Das Verb "hinaustragen" muss hier in seinem übertragenen Sinne aufgefasst werden und wird also nicht mit *emporter* oder *sortir*, sondern mit *propager*, *diffuser* oder *transmettre* übersetzt.

Alle Übersetzungen von "sich beteiligen" (*participer à, prendre part à, avoir part à*) lassen sich schwer mit einer Infinitivkonstruktion anschließen (RW § 285.1). Statt dessen bietet sich an, diese durch ein mit *à* angeschlossenes Objekt (*la propagation / la diffusion*) zu ersetzen oder aber das Verb *aider* zu verwenden, das eine Infinitivkonstruktion zulässt: *il aidait à propager.*

(11-12) aus der Universität ... in die Stadtviertel und Fabriken: Das Wort "Stadtviertel" heißt einfach *quartier*. Die geläufigste Übersetzung für "Fabrik" lautet *usine* und passt besser zu den Arbeitern (*ouvriers d'usine*) als *entreprise* ("Unternehmen"). Das Wort *fabrique* hingegen ist veraltet und bezeichnet eine Produktionsstätte im 19. Jahrhundert.

Für die Wiedergabe der Präposition "aus" kann man gleichermaßen *de, hors de* oder *en dehors de* ("außerhalb") gebrauchen. Dagegen bedeutet *au dehors* "äußerlich" oder "draußen" und ist hier unpassend.

Die Präposition "in" darf nicht einfach nur mit *dans* übersetzt werden, weil sie sowohl eine Richtungs-, als auch eine Ortsangabe einleiten kann. Während das Deutsche durch den folgenden Akkusativ verdeutlicht, dass die Richtung angegeben wird, ist im Französischen dazu die Kombination *jusque dans* notwendig.

(12-13) Er machte sich Feinde: Die korrekte Übersetzung für "sich Feinde machen" ist *se faire des ennemis*, nicht *des adversaires* ("Gegner").

(13-14) wenn er aus seinem Fenster hinaus sah auf die Berge: Die Verbform "sah" wird durch das präpositionale Objekt "auf die Berge" ergänzt, welches die Richtung des Blickes angibt. Eine wörtliche Übersetzung mit *voir* + Präposition ist jedoch im Französischen nicht möglich. Statt dessen gebraucht man das Verb *regarder* ohne oder mit Präposition (*regardait les montagnes* oder *regardait en direction des montagnes*).

Die Ortsangabe "aus seinem Fenster hinaus" wird nicht mit *à travers sa fenêtre*, sondern *par* oder *de sa fenêtre* wiedergegeben. Die Präposition *par* bezeichnet ganz allgemein ein Durchqueren, während *à travers* speziell das Durchdringen ausdrückt (RW § 331.1). Möglich ist auch eine Konstruktion, die das Fenster weglässt: *lorsqu'il regardait au dehors en direction des montagnes*.

(14-15) erinnerte er sich ... an ein Kunststück: Das Wort "Kunststück" kann im Französischen entweder mit *tour d'adresse* ("artistische Leistung") oder mit *tour de force* ("schwierige Leistung") wiedergegeben werden, wobei man hier Ersteres aufgrund des Kontexts ("Seiltänzer") vorziehen würde. *Acrobatie* ("Akrobatenstück") wäre zu spezifisch, während *numéro d'artiste* hier nicht unangebracht wäre.

Das Verb "sich erinnern" wird mit *se souvenir* + *de*-Objekt oder *se rappeler* mit direktem Objekt übersetzt (RW §§ 268.2, 286.2): *il se souvenait d'un tour d'adresse / il se rappelait un tour d'adresse*.

(14-15) mit einer gewissen Unruhe: Gemeint ist hier das Angstgefühl (*inquiétude*), das den Charakter überkommt, und nicht die Ruhelosigkeit (*agitation*), der Zustand der ständigen Bewegung.

(15-16) das ihm ... Eindruck gemacht hatte: Der verbale Ausdruck "jemandem Eindruck machen" wird mit dem Verb *impressionner* übersetzt. Man beachte die Konsonantenverdoppelung. Möglich ist auch *avait fait une forte impression sur lui*.

(15) als Kind: Wörtliche Übersetzungen wie *comme enfant, en tant qu'enfant* sind grammatikalisch falsch oder schwerfällig. "Als Kind" wird entweder mit einem temporalen Nebensatz im *imparfait* (*quand il était enfant*) oder mit einer Apposition (*qui, enfant, lui avait fait grande impression*) wiedergegeben (Confais § 370. 2i).

(16) auf einem Drahtseil: Zur Angabe des Materials gebraucht man im Französischen die Präpositionen *de* oder *en* (RW §§ 329.9, 330.4). Wörtliche Ausdrücke wie *corde en fer* oder *corde de métal* für "Drahtseil" sind jedoch falsch. Es wird mit *câble métallique* oder *filin* übersetzt.

(16-17) das von einem Haus zur Kirche gespannt war: Das Partizip Perfekt "gespannt" wird hier nicht mit *étendu* ("ausgestreckt, ausgebreitet"), sondern mit *tendu* übersetzt. Die Präpositionen "von" und "zu" können im Französischen allein mit der Präposition *entre* wiedergegeben werden.

Um den Satzbau weiterhin zu vereinfachen, ist es ratsam, den Relativsatz durch das Partizip Perfekt zu verkürzen (RW § 249): *un filin tendu entre une maison et l'église.*

(16-18) balancierte (...) bergan: Das Verb "balancieren" wird nicht mit dem Falschen Freund *balancer* ("schaukeln, schwenken"), sondern mit *être en équilibre* übersetzt. Im Französischen sind zwei Verben nötig, um sowohl das Balancieren (*être en équilibre*) als auch die Bewegung nach oben (*monter*) zum Ausdruck zu bringen ("balancierte ... bergan"). Um den Satzbau zu vereinfachen, kann man auch eine Partizipialkonstruktion in der Funktion eines Adverbialsatzes verwenden: *un funambule, en équilibre sur un filin tendu entre une maison et l'église, montait ...*

(18) in den Händen: Abhängig davon, ob diese Redewendung im Singular oder im Plural steht, wird im Französischen die Präposition "in" unterschiedlich übersetzt: "in der Hand" heißt *à la main* und "in den Händen" *dans les mains.*

(19) Es ging ihm gut: Dieser deutschen unpersönlichen Konstruktion entspricht im Französischen eine persönliche Ausdrucksweise (RW § 128): *il allait bien* oder *il se sentait bien.* Nicht zutreffend sind dagegen Ausdrücke wie *cela lui allait bien* ("es stand ihm gut") oder *il était de bonne humeur* ("er war gut gelaunt").

111

(19-20) wenn er durch die paar Straßen des Zentrums ging: Das französische Verb *traverser* ist die übliche Übersetzung für alle verbalen Ausdrücke, die aus der Präposition "durch" und einem Bewegungsverb ("fahren, gehen, laufen, fließen, führen") bestehen. Hier können auch andere Verben wie *marcher, déambuler, flâner* verwendet werden, jedoch mit der Präposition *dans* (und nicht *à travers*).

In dem Ausdruck "die paar Straßen" kann das Indefinitpronomen "ein paar" durch "die wenigen" + Substantiv ersetzt und deshalb im Französischen durch *les quelques* + Substantiv wiedergegeben werden (RW § 310.4). *Le peu de* ist nur in wenigen Redewendungen gebräuchlich: *le peu de personnes, de choses* ("die paar Menschen, Dinge).

(20) Er sah alles und wurde gesehen: Beide Verbformen werden mit der Konjunktion "und" verbunden und stehen im Präteritum. Sie werden im Französischen mit dem gleichen Tempus, dem *imparfait*, wiedergegeben. Die Passivform "er wurde gesehen" wird nicht mit *il était vu* ("war gesehen"), sondern mit *on le voyait* übersetzt. Da das Französische keine formale Unterscheidung zwischen Zustands- und Vorgangspassiv kennt, muss das Passiv durch eine unpersönliche Konstruktion mit *on* umschrieben werden (RW § 231).

(21) irgendetwas von sich: Das Indefinitpronomen "irgendetwas" wird häufig mit *n'importe quoi* übersetzt, was hier eigentlich nicht ganz passend ist, da dieser Ausdruck immer ohne Bezugselement steht (KK § 146), z.B. in der Redewendung *dire n'importe quoi* ("Unsinn reden"). Hier wird das Pronomen entweder durch *quelque chose* oder durch einen Relativsatz im Konjunktiv wiedergegeben (RW § 217.6): *quoi que ce soit* oder *quoi que ce fût* (in der gehobenen Sprache).

Der Infinitivsatz "irgendetwas von sich zu verstecken" wird durch ein unpersönliches Verb ("es gab keinen Grund") eingeleitet. Also muss das Reflexivpronomen "sich" im Französischen mit *soi* übersetzt werden, weil es hier in Bezug auf ein neutrales Subjekt (*il* in *il n'y avait aucune raison*) gebraucht wird (RW § 142.2).

Erzählung: Auch wenn die Oper *Les contes d'Hoffmann* im Deutschen unter dem Titel "Hoffmanns Erzählungen" bekannt ist, bedeutet dies noch lange nicht, dass "Erzählung" automatisch mit *conte* übersetzt wird. Eine Erzählung wird nur dann als *conte* wiedergegeben, wenn es sich dabei um ein Prosawerk handelt. Geht es um den Vorgang des Berichtens, wird "Erzählung" mit *récit* übersetzt.

Text Nr. 11

Hausaufgaben – pro oder kontra?

Der Arbeitstag für Bernhard Ullmann aus Essen beginnt kurz nach halb sieben, wenn er in den Bus steigt. Um 13.15 Uhr ist Mittagspause. Nach dem Essen arbeitet er zu Hause weiter, manchmal fünf Stunden. Bernhard
5 Ullmann ist Gymnasiast, im Sommer wird er 16. Er bringt es, einschließlich Schulweg, leicht auf[1] vierzig Stunden die Woche.

Knapp 40 Prozent der sechs- bis zehnjährigen Grundschüler müssen zu Hause mindestens eine Stunde für die
10 Schule arbeiten. Schon jeder fünfte Realschüler[2] und 28 Prozent der Gymnasiasten, ermittelten die Dortmunder Forscher, bringen es leicht auf zwei Stunden und mehr Hausaufgaben am Tag. (...)

Die Elternmeinung ist fast einhellig[3]: Über 95 Prozent
15 von 980 befragten Müttern und Vätern mit Kindern in sechsten und neunten Klassen waren von der Nützlichkeit der Hausaufgaben überzeugt. Umgekehrt kommt es ihnen verdächtig vor, wenn keine Hausaufgaben gestellt werden. Der Düsseldorfer Lehrer Jürgen Süverkrüp: „Eltern
20 meinen, ein guter Lehrer gibt nie genug auf."

Alle Schulpraktiker, Befürworter[4] der Hausaufgaben wie deren Kritiker, sind sich im Klaren darüber, dass sich das Problem nur vollends lösen ließe, wenn das ganze Schulsystem geändert würde: durch Einführung der
25 Ganztagsschule[4], wie sie in Frankreich, Großbritannien oder Schweden üblich ist.

Der Spiegel (22.03.1982)

[1] es auf etwas bringen: *en arriver à*
[2] der Realschüler: *l'élève de «Realschule»*
[3] einhellig: *unanime*
[4] der Schulpraktiker: *le praticien de l'école* / der Befürworter: *le partisan*
[5] die Ganztagsschule: *l'école à temps complet*

Pour ou contre les devoirs à la maison ?[1]

La journée de travail commence[2] pour Bernhard Ullmann d'Essen peu après six heures et demie lorsqu'il[3]
monte dans le bus. A 13h15, il y a la pause de midi[4].
Après le repas[5], il continue de[6] travailler à la maison, par-
5   fois cinq heures d'affilée[7]. Bernhard Ullmann est lycéen[8];
cet été, il aura 16 ans. Il en arrive facilement à quarante
heures par semaine, les trajets pour se rendre à l'école
inclus[9].

Un peu moins de[10] 40%[11] des élèves d'école primai-
10   re[12], qui sont âgés de six à dix ans[13], sont obligés de[14]
travailler chez eux[15] au moins une heure[16] pour l'école.
D'après une enquête effectuée par les[17] chercheurs de
Dortmund[18], déjà un élève de «Realschule» sur cinq et
28%[19] des lycéens en arrivent facilement à deux heures
15   et plus[20] par jour de devoirs à faire à la maison. (…)

L'opinion des parents est presque unanime : Plus de
95%[21] des 980 pères et mères interrogés ayant des enfants en sixième et neuvième classe[22] étaient convaincus
de l'utilité des devoirs à la maison. A l'inverse[23], si on ne
20   donne aucun devoir à faire, cela leur semble[24] suspect.
Jürgen Süverkrüp, enseignant à[25] Düsseldorf, dit[26] : «Les
parents pensent[27] qu'un bon professeur[28] ne donne jamais assez[29] de devoirs à la maison.»

Tous les praticiens de l'école[30], les partisans comme
25   les détracteurs[31] des devoirs à la maison, sont cons-
cients[32] (du fait) que le problème serait complètement[33]
résolu[34] uniquement si tout le système scolaire[35] était
changé[36] : grâce à l'instauration de l'école à temps complet[37], telle qu'elle est pratiquée (habituellement) en Fran-
30   ce[38], en Grande-Bretagne ou en Suède.

Der Spiegel (22.03.1982)

Varianten

[1] Les devoirs à la maison – pour ou contre ?
[2] débute
[3] quand il
[4] c'est la pause-déjeuner
[5] Après avoir mangé / Après le déjeuner
[6] continue à
[7] parfois pendant / durant cinq heures
[8] va au lycée
[9] y compris
[10] Presque
[11] quarante pour cent
[12] du primaire
[13] Un peu moins de 40 % des élèves d'école primaire entre six et dix ans …
[14] doivent
[15] à la maison
[16] une heure au moins
[17] des
[18] Les chercheurs de Dortmund ont découvert / révélé après enquête qu'un élève
[19] vingt-huit pour cent
[20] et davantage
[21] quatre-vingt-quinze pour cent
[22] dans les sixièmes et neuvièmes classes
[23] Inversement / Par contre
[24] paraît
[25] un enseignant de
[26] pense / déclare
[27] estiment
[28] enseignant
[29] suffisamment
[30] Tous les pédagogues
[31] les adversaires
[32] se rendent compte
[33] entièrement / totalement
[34] réglé
[35] lorsque le système scolaire tout entier
[36] transformé / rénové
[37] la journée d'école continue

^{38} que le problème ne pourrait être complètement réglé que si l'on transformait le système scolaire tout entier en instaurant la journée d'école continue ... / qu'on trouverait une solution complète à ce problème en changeant tout le système scolaire : grâce à l'instauration de ...

Anmerkungen

Les articles de journaux ne présentent pas les mêmes difficultés que les textes littéraires. Les temps y jouent un rôle moins important, les chiffres et pourcentages sont presque toujours la règle et le style très concis laisse moins de latitude à la traduction.

Ce qui frappe d'abord dans cet article tiré du *Spiegel*, c'est le grand nombre de mots composés et dérivés qui fait toute l'efficacité du texte, en même temps que toute la difficulté de sa traduction. La transposition des propositions conditionnelles et des phrases passives pourrait également poser quelques problèmes.

Komposition: Hausaufgaben (Z. 13, 17, 18, 21), Arbeitstag (Z. 1), Mittagspause (Z. 3), Schulweg (Z. 6), Elternmeinung (Z. 14), Schulpraktiker (Z. 21), Schulsystem (Z. 24), Ganztagsschule (Z. 25)

Derivation: Gymnasiast (Z. 5), Grundschüler (Z. 8-9), Realschüler (Z. 10), Dortmunder (Z. 11), Forscher (Z. 12), Nützlichkeit (Z. 16), Düsseldorfer (Z. 19), Befürworter (Z. 21), Kritiker (Z. 22), Einführung (Z. 24).

Konditionalsätze: wenn keine Hausaufgaben gestellt werden (Z. 18-19), dass sich das Problem (...) lösen ließe, wenn das ganze Schulsystem geändert würde (Z. 22-24).

Passivsätze: gestellt werden (Z. 18-19), sich lösen ließe (Z. 23), geändert würde (Z. 24).

Hausaufgaben: Wie im Deutschen fehlt der Artikel im Französischen vor Substantiven, die in Zeitungsüberschriften stehen (RW § 37.3).

In Kenntnis des nachfolgenden Textes ist *devoirs* allein nicht ausreichend, da es als "Klassenarbeiten", aber auch als "Hausaufgaben" aufgefasst werden kann. Es muss also präzisiert werden.

Pro oder kontra: Der ganze Ausdruck "Hausaufgaben – pro oder kontra" kann wörtlich ins Französische übertragen werden. Oder er wird vorangestellt und bildet mit der folgenden Nominalgruppe eine Einheit. Der bestimmte Artikel *les* darf dabei nicht fehlen, weil er eine verallgemeinernde Funktion hat (RW § 33.2): *Pour ou contre les devoirs à la maison.*

(1) Der Arbeitstag: Nicht *le jour* für "Tag", da *jour* den Tag als ganzen bezeichnet und als Gegensatz zu *nuit* aufgefasst wird. *Journée* hingegen beschreibt eher das zeitliche Andauern, d.h. den Tagesablauf von Sonnenaufgang bis Sonnenuntergang.

Das zusammengesetzte Wort "Arbeitstag" wird daher mit *journée de travail* wiedergegeben. *Jour du travail* hört sich wie *Fête du travail* ("Tag der Arbeit") an und trifft den Sinn des Textes nicht. Ferner ist *journée du travail* falsch, weil der Artikel ausgelassen wird, wenn es sich um einen festen Begriff handelt.

(1) aus Essen: Eigentlich wird die Elision von *de* vor "Essen" durchgeführt, weil das *e* mit dem Vokal des Folgeworts zusammentrifft (RW § 7). Vollkommen unstrittig ist dieses Vorgehen bei Exonymen, d.h. französischen Namen von deutschen Städten, wie in den Wendungen *Paix d'Augsbourg* oder *Rue d'Ulm.* Bei Städtenamen, für die es keine Entsprechung im Französischen gibt, ist die Regel weniger verbindlich, so dass auch *de Essen* vorstellbar ist.

(2) kurz nach: Das Adverb "kurz" wird hier nicht durch *brièvement*, sondern in den Ausdrücken "kurz vor" und "kurz nach" mit *peu de temps* (oder einfach *peu*) *avant / après* übersetzt.

(2) halb sieben: *Demi* für "halb" wird nicht verändert, wenn es mit einem folgenden Substantiv oder Adjektiv durch einen Bindestrich verbunden wird. Aber wenn *demi*, mit *et* angeschlossen, nach dem Substantiv steht, richtet es sich im Geschlecht nach demselben (RW § 108). Da *heure* weiblich ist, heißt es: *six heures et demie.*

Nicht *six et demie.* Bei Zeitangaben in Stunden muss *heure(s)* hinzugefügt werden (RW § 100.4). *Six heures trente* wäre auch möglich, obwohl es dem deutschen "sechs Uhr dreißig" entspricht.

(2) wenn: Die Konjunktion "wenn" leitet einen temporalen Gliedsatz ein (RW § 343) und wird üblicherweise mit *quand* oder *lorsque* wiedergegeben. *Si* ("wenn" oder "falls") dient zum Ausdruck der Bedingung (RW § 348) und wäre hier falsch.

(2) Bus: Hierher können *car* oder *bus* passen. *Car* ist die Abkürzung von *autocar* und bezeichnet sowohl einen Reisebus (*le car*) als auch einen Schulbus (*le car de ramassage scolaire*). *Bus* ist die Abkürzung von *autobus* und bezeichnet einen städtischen Linienbus. Beide Übersetzungen sind im Zusammenhang möglich.

(3) Um 13.15 Uhr: Zur Angabe der Uhrzeit verwendet man die Präposition *à* (RW § 325.2). Wird im Deutschen die Uhrzeit in Ziffern abgekürzt, so geschieht dies auch in der französischen Übersetzung: *13h15*, wobei das "h" zwischen Stunden und Minuten steht. Möglich ist allenfalls: *une heure et quart*, was dem deutschen "Viertel nach eins" entspricht.

(3) ist: Das Verb "sein" wird nicht immer durch *être* wiedergegeben. Hier geht es um eine unpersönliche Konstruktion, in der üblicherweise "es" den Satzanfang besetzt (vgl. "es wurde getanzt"). Im vorliegenden Fall ist allerdings dieses "es" nicht nötig, weil bereits eine Zeitangabe ("um 13.15 Uhr") den Satzanfang bildet. In diesem Fall muss man auch im Französischen unpersönliche Ausdrücke wie *il y a* oder *c'est* gebrauchen.

(3) Mittagspause: Das Wort "Pause" im Sinne von "Unterbrechung, vorübergehende Ruhezeit" heißt im Französischen sowohl *pause* als auch *récréation,* was allerdings im engeren Sinne des Wortes der "großen Pause" entspricht, während die "kleine Pause" *l'interclasse* heißt. Die vorgeschlagene Übersetzung (*pause*) ergibt sich sinngemäß aus dem nächsten Satz ("zu Hause").
Midi tritt in zahlreichen zusammengesetzten Wörtern auf, welche durch *de* ohne Artikel verbunden sind, etwa in *pause de midi, chaleur de midi, repas de midi.*
Möglich wäre auch die ziemlich neue Wortschöpfung *pause-déjeuner*, die allerdings der heutigen Umgangssprache angehört.

(3) Nach dem Essen: Das Französische substantiviert Verben wesentlich seltener als das Deutsche. Die wörtliche Übersetzung *le manger* (RW § 14.31) ist nur in einigen festen Redewendungen gebräuchlich, wie *apporter son manger, un manger des dieux, en oublier le boire et le manger. Après le manger* wäre also unpassend.
Hier ersetzt eigentlich das Substantiv "Essen" nicht nur ein anderes Substantiv ("Mahlzeit", *repas*), sondern auch einen Nebensatz ("nachdem er gegessen hat"), der im Französischen durch eine Infinitivkonstruktion (*après avoir mangé*) verkürzt wird (RW § 262.1).

(3-4) arbeitet er ... weiter: Dem deutschen Adverb "weiter" entspricht kein französisches Adverb, es muss in Zusammensetzung mit Verben wie "arbeiten" verbal umschrieben werden, etwa mit *continuer à / de travailler* oder *continuer son travail* (RW § 307.5).

Früher standen sich *continuer à* im Sinne von "etwas fortsetzen" (z.B. *continuer à boire*) und *continuer de* im Sinne von "nicht aufhören, etwas zu tun" (z.B. *continuer de boire*) gegenüber. Dieser Unterschied wurde inzwischen durch die *Académie française* aufgehoben. Nicht *poursuivre son travail*, das sich zwar sehr schön anhört, aber eher für "etwas unermüdlich weitermachen" zuträfe.

(5) ist Gymnasiast: Der Ausdruck bezeichnet einen Schüler, der aufs Gymnasium geht, und wird üblicherweise mit *collégien* oder *lycéen* übersetzt. *Gymnaste* ("der Turner") ist ein Falscher Freund. *Collégien* wird ausschließlich für elf- bis fünfzehnjährige Schüler benutzt. Die vorgeschlagene Übersetzung *lycéen* ergibt sich aus dem nächsten Satz, wo das Alter ("16") des Jungen erwähnt wird. *Elève au lycée* wäre auch möglich.

Vor dem Prädikatsnomen *élève* oder *lycéen* darf kein Artikel stehen (RW § 44.1). Eine idiomatischere Übersetzung wäre *va au lycée*.

(5) im Sommer: Der Ausdruck *en été* trifft nicht zu, weil es bedeuten würde, dass der Gymnasiast jeden Sommer 16 wird. Gemeint ist aber, dass er im darauffolgenden Sommer seinen sechzehnten Geburtstag feiert. Daher wird das Demonstrativadjektiv *cet* in Verbindungen mit der Jahreszeit verwendet (RW § 48.4).

(5) wird er 16: Das Französische erfordert *ans* nach der Altersangabe und die Verwendung des Futurs in der Übersetzung von "16 werden". Nicht *il devient 16,* allenfalls *va avoir 16 ans.*

(6) Schulweg: Die wörtliche Übersetzung von "Schulweg" mit *le chemin de l'école* wäre im Kontext unverständlich. Was eigentlich mit "Schulweg" gemeint ist, sind die Fahrzeiten von zu Hause bis zur Schule. Es muss also umschrieben werden: *les trajets pour aller à l'école.*

Chemin scolaire oder *trajet scolaire* existieren nicht. Der Gebrauch des Adjektivs *scolaire* ist sehr eingeschränkt; üblich z.B. in *système scolaire* ("Schulsystem"), *médecin scolaire* ("Schularzt"), *bulletin scolaire* ("Schulzeugnis"), *année scolaire* ("Schuljahr"), *vacances scolaires* ("Schulferien"), *échec scolaire* ("Schulversagen").

(6-7) vierzig Stunden die Woche: Um eine sich wiederholende Verteilung auszudrücken, gebraucht man die Präposition *par* in Verbindung mit Zahlenangaben (RW §§ 109, 331.7): *quarante heures par semaine.*

Wie im Deutschen kann die Präposition ausgelassen werden, und der bestimmte Artikel wird in distributiver Funktion gebraucht (RW § 32.3) : *quarante heures la semaine.*

(8) knapp 40 Prozent: Dieser Ausdruck kann im Französischen mit *un peu moins*, *presque* oder *pas tout à fait* wiedergegeben werden. *A peine* wäre auch möglich, müsste aber nachgestellt werden: *40% à peine.*

Wie nach jeder Mengenangabe steht nach *un peu moins* die Präposition *de* (RW §§ 173.1, 310.4): *un peu moins de quarante.*

"Prozent" wird entweder ausgeschrieben (*pour cent*) oder durch ein Zeichen (%) ersetzt.

(8) sechs- bis zehnjährige: Diese Wendung wird mit den Präpositionalgruppen *de ... à ...* oder *entre ... et ...* übersetzt. Die Präposition "bis" kann nur dann mit *jusque* übersetzt werden, wenn ein Bereich nur durch eine Grenze definiert wird: *... la température est montée jusqu'à 35°C.*

Für die Übersetzung des Adjektivs "jährig" kann man im Französischen zwischen einem Relativsatz (*qui sont âgés de ... à ...* oder *qui ont entre ... et ...*) und einer Partizipialkonstruktion (*âgés de ... à ...* oder *ayant entre ... et ...*) wählen.

(9) Grundschüler: Das Französische bietet weniger Möglichkeiten zur Derivation als das Deutsche. "Grundschule" wird zu "Grundschüler", aber *école primaire* nicht zu *écolier primaire*. Statt dessen wird am einfachsten mit *élève* ("Schüler") *d'école primaire* umschrieben. Dieser Ausdruck ist heutzutage gebräuchlicher als *écolier.*

(9) mindestens eine Stunde: "Mindestens" steht vor einem Zahlwort und ist deshalb mit *au moins* zu übersetzen (im Französischen vor- oder nachgestellt). *Du moins* wäre falsch, weil es eine konzessive Bedeutung im Sinne von "zumindest" zum Ausdruck bringt.

(10) jeder fünfte Schüler: Dieser Distributivausdruck kann im Französischen nicht wörtlich übersetzt werden: *chaque cinquième d'élève* ergibt keinen Sinn. Er wird mit folgender Konstruktion wiedergegeben: *un(e)* + Substantiv + *sur* + Zahlwort (RW § 109*): un élève sur cinq.*

(10) Realschüler: Zur Derivation siehe Anmerkung (9). In vielen Wörterbüchern wird "Realschule" mit *collège* gleichgesetzt, was der Realität nicht ganz entspricht. Man sollte eher den Ausdruck *élève de Realschule* benutzen, wie man z.B. *élève d'école primaire, de lycée, de collège* sagt.

(11-12) ermittelten die Dortmunder Forscher: Im Französischen kann ein Satz nur eingeschoben werden, wenn er ein Verb des Sagens und Denkens zum Prädikat hat. Andernfalls würde er eher an den Satzanfang gestellt und mit einer Präpositionalgruppe wiedergegeben. Da *enquêter* kein (transitives) Verb des Sagens und Denkens ist, wäre *d'après une enquête* die eleganteste Lösung.

Verbformen wie "ermittelten", die eine in der Vergangenheit abgeschlossene Handlung bezeichnen, stehen in Zeitungsartikeln nicht im *passé simple*, sondern im *passé composé*, das zur Mitteilung von Erfahrungen und Beobachtungen in Reportagen dient (RW § 198.2).

Mit der Wendung "die Dortmunder Forscher" wird auf Personen verwiesen, von denen der Sprecher annimmt, dass sie dem Hörer durchaus bekannt sind, z.B. durch eine frühere Erwähnung im Text. Wie im Deutschen steht also im Französischen hier der bestimmte Artikel *les* (RW § 32.1).

Anders als für "Hamburger" (*Hambourgeois*) oder "Münchner" (*Munichois*) gibt es im Französischen keine Entsprechung für "Dortmunder", was deshalb mit *de Dortmund* wiedergegeben werden muss.

Für "Forscher" (*chercheurs*) ist auch die Übersetzung *scientifiques* ("Wissenschaftler") durchaus angebracht.

(12-13) zwei Stunden ... Hausaufgaben: Nach dieser – wie nach jeder – Mengenangabe (*deux heures*) darf die Präposition *de* nicht fehlen, an welche das Substantiv (*devoirs à la maison*) ohne Artikel angeschlossen wird (RW § 43.2).

(13) am Tag: Hier kann der bestimmte Artikel *le* nicht in distributiver Funktion gebraucht werden. Nur eine Kombination aus *par* + Substantiv ist möglich in *par jour / par mois / par an* (RW § 32.3).

(14) die Elternmeinung: Dieses zusammengesetzte Wort ist eine zufällige Verbindung zwischen zwei Substantiven (Confais § 341) und wird dementsprechend mit *l'opinion des parents* übersetzt.

(14) Über 95 Prozent: Die Präposition "über" in Verbindung mit Prozent- und Zahlangaben bedeutet "mehr als" und wird nicht mit *sur* oder *au-dessus de,* sondern mit *plus de* übersetzt (RW § 173.1).

(15) von 980 befragten Müttern und Vätern: Die Übersetzung des Partizips "befragt" mit *demandés* ist falsch, weil es bedeuten würde, dass die Mütter und Väter "gefragt" im Sinne von "begehrt" sind. Das ist hier nicht gemeint. "Befragt" wird mit *interrogés* übersetzt.

Auf die Mengenangabe *plus de 95%* sollten eigentlich die Präposition *de* folgen und die Substantive *mères* und *pères* ohne Artikel angeschlossen werden (RW § 43.2). Da diese aber durch das Zahlwort *980* näher bestimmt werden, steht *de* hier mit Artikel.

(15) mit Kindern: Zur Vermeidung der schwerfälligen Übersetzung mit *avec des enfants* kann man eine Partizipialkonstruktion mit Partizip Präsens (*ayant des enfants*) oder einen Relativsatz (*qui ont des enfants*) verwenden (RW § 235).

(16-17) waren von der Nützlichkeit ... überzeugt: Das Verb *convaincre* wird mit direktem Objekt und indirektem *de*-Objekt verbunden: *convaincre qn de qc* (RW § 294). Die Präposition "von" wird also nicht mit *par* wiedergegeben, weil "die Nützlichkeit" keine Agensergänzung, sondern das Sachobjekt ist.

(17-18) kommt es ihnen ... vor, wenn: Dieser unpersönliche Ausdruck kann nicht durch *il leur semble / paraît* + Adjektiv übersetzt werden, weil keine durch einen *que*-Satz eingeleitete Aussage folgt. Da "wenn" einen Bedingungssatz einleitet, ist die einzige Lösung, den *si*-Satz voranzustellen und das unpersönliche Subjekt "es" durch *cela* zu übersetzen (RW § 54.4).

(18) verdächtig: *Soupçonneux*, was mit "argwöhnisch, misstrauisch" zurückübersetzt würde, bezeichnet eine Charaktereigenschaft und ist deshalb hier falsch. *Suspect* hingegen kann sich sowohl auf eine Sache oder auf ein Lebewesen (*le suspect*) beziehen.

(18-19) wenn keine Hausaufgaben gestellt werden: Da in diesem *si*-Satz eine erfüllbare Bedingung vorliegt, steht Indikativ Präsens und auf keinen Fall Futur I oder Konditional (RW § 221.1).

In diesem passivischen Satz wird der Handelnde (der Lehrer) nicht genannt, so dass "gestellt werden" durch eine aktive Konstruktion mit unpersönlichem *on* als Subjekt ersetzt wird (RW § 231).

Für "Hausaufgaben stellen" ist *poser des devoirs* nicht idiomatisch.

(19) der Düsseldorfer Lehrer: Für "Lehrer" im Sinne von jemandem, der an der Schule unterrichtet, gebraucht man im Französischen den allgemeinen Begriff *enseignant*. Andere Bezeichnungen wie *professeur* (Professor oder Gymnasiallehrer), *instituteur* oder *maître* (Grundschullehrer) sind zu spezifisch.

Die Wortkürzung *le prof* gehört der familiären Umgangssprache an (RW § 380).

Für "Düsseldorfer" sollte man genauso wie für "Dortmunder" vorgehen (siehe Anmerkung 11-12).

(19) Jürgen Süverkrüp: „Eltern ...": Anders als im deutschen Satz, wo die direkte Rede nicht notwendigerweise durch ein Verb, sondern auch durch einen Doppelpunkt allein eingeleitet werden kann, muss im französischen Satz ein redeeinleitendes Verb wie *dire, penser* oder *déclarer* stehen.

(19-20) Eltern meinen: Nicht *des parents pensent*, weil der unbestimmte Artikel *des* sehr einschränkend wirkt und bedeuten würde, dass sich nur einige Eltern zum Thema Hausaufgaben geäußert haben. Werden Gattungsnamen wie *parents* verallgemeinernd gebraucht, steht der bestimmte Artikel *les* (RW § 33.3).

Die Konstruktion ohne dass-Anschluss kann man im Französischen nicht wörtlich wiedergeben, weil nach dem Verb *penser* ein Objektsatz erforderlich ist, der durch die Konjunktion *que* eingeleitet wird.

(20) ein guter Lehrer gibt nie genug auf: Im Deutschen ist klar, dass sich "aufgeben" auf Hausaufgaben bezieht, ohne dass diese ausdrücklich erwähnt werden. Soll im Französischen das explizite Objekt weggelassen werden, muss es durch das Pronominaladverb *en* ersetzt werden, das zum Ausdruck eines partitiven Verhältnisses (*assez / suffisamment de devoirs à la maison*) eingesetzt wird (RW §§ 134.3, 310.1). Im vorliegenden Fall wäre allerdings das Bezugswort zu weit entfernt, so dass hier der Klarheit wegen das Objekt in ausführlicher Form genannt werden muss.

(22) deren Kritiker: Für die Wiedergabe von "Kritiker" sollte man eher Synonyme wie *détracteurs* oder *adversaires* einsetzen. Die wörtliche Übersetzung *critiques* ist im Französischen mehrdeutig und kann auch im Sinne von "Kritiken" verstanden werden. Zur Verdeutlichung wäre *ceux qui critiquent* zwar möglich, aber umständlich.

Der rückverweisende Gebrauch des Demonstrativpronomens "deren" ist eine typische Konstruktion der deutschen Sprache. Die wörtliche Übersetzung durch das Possessivadjektiv *leurs* ist zwar möglich, aber schwerfällig. Wesentlich eleganter ist es, das gemeinsame Substantiv *devoirs à la maison* nachzustellen und somit den Bezug zu beiden Hälften des Gegensatzpaars *détracteurs* und *partisans* auszudrücken.

(22) sind sich im Klaren darüber, dass: Nach den Verben *se rendre compte* oder *être conscient* steht ein präpositionaler Objektsatz, der entweder durch die einfache Konjunktion *que* oder durch *du fait que* eingeleitet wird (RW § 365).

(22-23) sich das Problem ... lösen ließe: In diesem Hauptsatz, der vor einem Bedingungssatz mit *si* steht, muss im Französischen Konditional I (*conditionnel présent*) verwendet werden (RW §§ 220.1 und 221.2).

Die Konstruktion "sich lösen lassen" gilt als eine Konkurrenzform des Passivs und wird im Französischen nicht mit *se laisser résoudre*, sondern mit einer Reflexivkonstruktion mit passivischem Sinn *se résoudre* (RW § 229) oder einer ganz normalen passivischen Konstruktion *être résolu* (RW § 225.4) übersetzt.

Nur in der gesprochenen Sprache wird das Verb *résoudre* immer mehr durch *solutionner* in den Hintergrund gedrängt.

(23-24) wenn das ganze Schulsystem geändert würde: In diesem Nebensatz, der eine auf die Zukunft bezogene Möglichkeit oder Annahme bezeichnet, steht im Französischen das Verb – im Unterschied zum Deutschen – im Indikativ Imperfekt (RW § 221.2).

Nicht *se changer*, was dem deutschen Ausdruck "sich umziehen" entspricht.

Zur aktivischen Konstruktion des Nebensatzes mit *on* siehe Anmerkung (18-19).

(24) : durch Einführung: Der Satz, der nach dem Doppelpunkt steht, kann im Französischen auch durch eine *gérondif*-Konstruktion wiedergegeben werden.

Die wörtliche Übersetzung *introduction* passt nicht zum Wort "Schulsystem". Hier sind Substantive wie *instauration* oder *mise en place* eher angebracht.

(25-26) wie sie ... üblich ist: Der Vergleichssatz kann durch das adjektivische Indefinitpronomen *tel que* angeschlossen werden (RW § 84). Das Adverb *comme* ist durchaus akzeptabel.

Der Gebrauch des Adjektivs *usuel* im Sinne von "gebräuchlich, gä. und gäbe sein" ist eingeschränkt, da es sich hauptsächlich auf sprachliche Begriffe und Nachschlagewerke bezieht. Hier wird das Adjektiv durch einen verbalen Ausdruck mit Adverb (*pratiquer habituellement*) wiedergegeben.

(25-26) in Frankreich, Großbritannien oder Schweden: Vor all diesen weiblichen Ländernamen steht die Präposition *en* ohne Artikel (RW § 40.2).

***Der Spiegel*:** Grundsätzlich ist der Zeitungsname nicht zu übersetzen. *Der Spiegel* heißt nicht *Le Miroir* und *Le Monde* nicht *Die Welt*!

Gehen dem alten Kontinent
die jungen Menschen aus?

Die Bevölkerung Westeuropas verringert sich immer schneller und wird gleichzeitig im Durchschnitt immer älter. Diese Entwicklung lässt Bevölkerungsexperten schwerwiegende wirtschaftliche und gesellschaftliche
5   Konsequenzen für die Zukunft erwarten. Eine kürzlich im Auftrag des Europarats abgeschlossene Untersuchung prophezeit, bei anhaltender Tendenz werde es in 100 Jahren in Europa nur noch halb so viele Menschen geben wie heute. Die Bevölkerungsabnahme schreite
10 schneller voran, als man es vor etwa zehn Jahren noch habe voraussagen können. In den 21 Ländern des Europarats leben zur Zeit etwa 400 Millionen Menschen.

Mit den fallenden Geburtenraten wächst automatisch das Durchschnittsalter der europäischen Bevölkerung.
15 Von den jetzigen Raten ausgehend, werden die alten Menschen im 21. Jahrhundert eine „erdrückende Mehrheit" stellen. Wirtschaftsexperten zufolge werde unser bestehendes soziales Sicherheitssystem am Ende dieses Jahrhunderts zusammenbrechen, da immer weniger ar-
20 beitende Menschen für den Unterhalt von Rentnern aufkommen müssten. Rolf Benkert, der Koordinator der Untersuchung, hält es für notwendig, dass Westeuropa seine Sozialpolitik überdenkt.

Frankfurter Rundschau (26.11.1986)

Le vieux continent va-t-il (bientôt) manquer de jeunes (gens) ?

La population de l'Europe de l'Ouest[1] diminue de plus en plus rapidement, en même temps que la moyenne d'âge augmente de plus en plus[2]. Cette évolution amène[3] les experts en démographie à prévoir de graves[4] consé-
5   quences économiques et sociales pour l'avenir. Une enquête[5] achevée récemment pour le compte du Conseil de l'Europe prophétise que, si cette tendance persiste, il n'y aura plus d'ici cent[6] ans en Europe que la moitié de la population actuelle[7]. Selon cette enquête, la chute[8] dé-
10   mographique progresse plus rapidement qu'on (n') a pu le prédire il y a encore une dizaine d'années. Dans les 21[9] pays du Conseil de l'Europe, on compte[10] actuellement quelque 400[11] millions d'habitants.

Avec les taux de natalité en baisse[12], la moyenne
15   d'âge de la population européenne croît[13] automatique-
ment. Si l'on s'en tient aux taux actuels[14], les personnes âgées représenteront[15] une «écrasante majorité»[16] au XXIe siècle. Selon des[17] experts économiques[18], notre système de garanties sociales[19] tel qu'il existe au-
20   jourd'hui[20] s'effondrera[21] à la fin de ce siècle car une[22] population active en constante diminution[23] devra subvenir aux besoins des retraités. Rolf Benkert, le coordonnateur[24] de l'enquête, estime nécessaire que l'Europe de l'Ouest reconsidère[25] sa politique sociale[26].

Frankfurter Rundschau (26.11.1986)

127

Varianten

[1] de l'Europe occidentale
[2] en même temps qu'elle vieillit de plus en plus
[3] incite
[4] lourdes
[5] Une étude
[6] dans 100 ans
[7] prophétise d'ici cent ans une diminution de moitié du nombre actuel d'habitants en Europe / prédit que l'Europe comptera d'ici cent ans deux fois moins de gens qu'aujourd'hui
[8] le recul
[9] vingt et un
[10] Dans les 21 pays du Conseil de l'Europe vivent actuellement
[11] quatre cents
[12] Allant de pair avec la chute de la natalité
[13] augmente
[14] Si l'on se base sur les taux actuels / Si l'on part des taux actuels
[15] constitueront / formeront
[16] «une majorité écrasante»
[17] D'après des
[18] experts en économie
[19] sécurité sociale / protection sociale
[20] en vigueur / existant
[21] s'écroulera
[22] puisqu'une
[23] car de moins en moins d'actifs
[24] coordinateur
[25] révise / repense
[26] juge (qu'il est) nécessaire de reconsidérer la politique sociale en Europe de l'Ouest

Anmerkungen

Cet article de journal datant de 1986 traite d'un sujet toujours très actuel: la baisse de la natalité couplée à un vieillissement de la population européenne. La principale difficulté de la traduction réside dans la transposition du discours indirect en français.

En effet, l'auteur de l'article rapporte ce que disent des experts ou interprète les résultats d'une enquête. Le temps utilisé en allemand est soit le *Konjunktiv* I, soit le *Konjunktiv* II. Mais, en français, la concordance des temps fonctionne selon un système différent et l'usage est d'employer les temps du présent de l'indicatif (présent, passé composé, futur) au discours indirect quand la principale est elle-même au présent.

Stellung mehrerer Adjektive: schwerwiegende wirtschaftliche und gesellschaftliche Konsequenzen (Z. 4-5), unser bestehendes soziales Sicherheitssystem (Z. 17-18).

Indirekte Rede: werde geben (Z. 7-9), schreite voran (Z. 9-10), habe voraussagen können (Z. 11), werde zusammenbrechen (Z. 17-19), müssten (Z. 21).

Partizip Präsens: anhaltend (Z. 7), fallend (Z. 13), ausgehend (Z. 15), erdrückend (Z. 16), bestehend (Z. 18), arbeitend (Z. 19-20).

Allmähliche Steigerung: immer schneller (Z. 1-2), immer älter (Z. 2-3), immer weniger arbeitende Menschen (Z. 19-20).

Gehen ... aus?: Es ist aus dem Kontext ersichtlich, dass das Präsens der Verbform sich auf ein Geschehen bezieht, das noch nicht vollendet ist. Dieses Präsens des Zukünftigen wird im Französischen mit dem *futur proche* wiedergegeben, das aus *aller* + Infinitiv gebildet wird (RW § 206). Um diese langsame Entwicklung weiter hervorzuheben, kann auch das Adverb *bientôt* hinzugefügt werden.

Das Verb "ausgehen" wird hier mit dem Verb *manquer de* (RW § 296.7) übersetzt, wobei das Subjekt "die jungen Menschen" zum präpositionalen Objekt und das indirekte Objekt "dem alten Kontinent" zum Subjekt wird: *le vieux continent va-t-il (bientôt) manquer de jeunes gens ?*

Das Verb *manquer de* darf nicht mit dem verbalen Ausdruck *être en manque de* ("es fehlt jemandem an etwas") verwechselt werden, was sich wie "Entzugserscheinungen haben" anhört.

(1) Westeuropa: Kontinente werden groß geschrieben (RW § 12.1), ebenso wie Himmelsrichtungen, die den Teil eines Landes oder eines Kontinents bezeichnen (RW § 12.2): *l'Europe de l'Ouest*. Allenfalls: *l'Europe occidentale*.

(1-2) verringert sich immer schneller: Das Verb *diminuer* ("sich verringern") gehört zu den Verben, die im Gegensatz zum Deutschen **nicht** reflexiv gebraucht werden.

Das Adverb "schnell" wird entweder mit *rapidement* oder *vite* übersetzt (RW § 302.5). Die allmähliche Steigerungsform "immer schneller" wird nicht mit *toujours plus vite*, sondern mit *de plus en plus rapidement / vite* ausgedrückt (RW § 173.2).

(2-3) und wird gleichzeitig im Durchschnitt immer älter: Die Übersetzung von "immer älter werden" mit *devenir de plus en plus vieille* ist unschön. Da "alt werden" *vieillir* heißt, kann man den ganzen Ausdruck mit *vieillir de plus en plus* wiedergeben.

Um die Parallelentwicklung zwischen Bevölkerungsabnahme und Alterungsprozess noch stärker zu betonen, kann man die unterordnende Konjunktion *en même temps que* verwenden und dabei die beiordnende Konjunktion *et* weglassen.

Um den Satzbau weiter zu vereinfachen, kann man den adverbialen Ausdruck "im Durchschnitt" und das Adjektiv "alt" durch das zusammengesetzte Wort *la moyenne d'âge* umschreiben. Der verbale Ausdruck "wird immer älter" wird dann durch *augmenter de plus en plus* ausgedrückt.

(3) Entwicklung: Für die Wiedergabe dieses Wortes ist zwischen *évolution* und *développement* zu wählen. Man spricht zwar von *développement* ("die Entwicklung") *d'un procédé*, *développement* ("Aufschwung") *de l'économie*, *développement* (Fortschreiten") *d'une maladie*, *pays en voie de développement* ("Entwicklungsland"), aber das Wort *évolution* bezeichnet das Vorwärtsschreiten in einem Prozess, was hier besser zum Kontext passt.

(3) Bevölkerungsexperten: Nach dem substantivierten Adjektiv *experts* wird die Präposition *en* verwendet, an die das Substantiv *population* ohne Artikel angeschlossen wird. Der Ausdruck *les experts en population* wirkt jedoch zu wenig präzise. Da "Bevölkerung" auch mit *démographie* übersetzt werden kann, wird der Ausdruck *les experts en démographie* bevorzugt. Nicht *démographes* ("Bevölkerungsstatistiker").

(3-5) lässt ... erwarten: Diese verbale Konstruktion ist ins Französische nicht wörtlich übertragbar, kann also weder durch *laisse attendre* ("zulassen") noch durch *fait attendre* ("veranlassen") wiedergegeben werden.

Um möglichst nah am deutschen Text zu bleiben, muss der ganze Ausdruck umschrieben und das Verb *prévoir* statt *attendre* gebraucht werden: *incite, amène à prévoir* ("jemanden dazu bringen, etwas zu tun"). Auch möglich ist der Gebrauch des reflexiven Verbs *s'attendre à*: *A cause de cette évolution, les experts en démographie s'attendent à ...*

(4-5) schwerwiegende wirtschaftliche und gesellschaftliche Konsequenzen: Das Adjektiv "schwerwiegend" in Bezug auf "Konsequenzen" heißt im Französischen *lourd* oder *grave*. Diese beiden Adjektive werden hier in übertragener Bedeutung benutzt und gehen dem Substantiv voraus, auch wenn sie sonst danach stehen. Mit dieser Voranstellung wird der gravierende Charakter der Entwicklung zum Ausdruck gebracht (KK § 82). Im Plural steht das Substantiv mit vorangestelltem Adjektiv ohne Artikel (RW § 31.1): *de lourdes / graves conséquences.*

Nie vorangestellt werden hingegen die von Substantiven abgeleiteten Relationsadjektive *économique* und *social* (RW §§ 168.4, 170.2). Beide stehen also nach dem Substantiv *conséquences* und werden mit *et* verbunden (RW § 170.1): *de lourdes conséquences économiques et sociales.*

(5-6) Eine ... abgeschlossene Untersuchung: Das Partizip Perfekt "abgeschlossen" in Verbindung mit "Untersuchung" (*l'enquête, l'étude*) wird nicht mit *accompli*, sondern mit *achevé, réalisé* übersetzt.

(5-6) im Auftrag des Europarats: Zur Großschreibung von *Europe* siehe Anmerkung (1). "Europarat", wie jede Institution, wird ebenso groß geschrieben (RW § 12.2): *le Conseil de l'Europe.*

Das Wort "Auftrag" heißt zwar *commande*, aber es bezieht sich in diesem Sinne hauptsächlich auf die Bestellung von Produkten. Hier wird die Redewendung "im Auftrag von", die dem förmlichen Sprachgebrauch angehört, mit *pour le compte de* wiedergegeben. Möglich ist auch der Gebrauch des Partizip Perfekt *commandé* als Apposition: *Commandée par le Conseil de l'Europe, l'étude...*

(7) bei anhaltender Tendenz: Der Ausdruck "bei anhaltender Tendenz" kann mit *en cas de tendance persistante* wörtlich übersetzt werden (RW § 38.7). Da diese Präpositionalgruppe eine erfüllbare Bedingung zum Ausdruck bringt, kann man sie mit einem Adverbialsatz im Indikativ Präsens umschreiben, welcher durch die Konjunktion *si* eingeleitet wird (RW § 221.1): *si cette tendance persiste.*

(7-9) prophezeit, ... werde es ... geben: Das redeeinleitende Verb "prophezeien" wird mit *prophétiser* oder *prédire* übersetzt.

Auch wenn die Konjunktion "dass" fehlt, wird im Französischen die indirekte Rede durch *que* eingeleitet, das nicht durch Komma vom einleitenden Satz abgetrennt werden darf.

Man beachte folgende Regel der Zeitenfolge: Steht bei der indirekten Rede das Verb des Hauptsatzes im Präsens, so steht im untergeordneten Satz dasselbe Tempus wie in der direkten Rede. Da das Verb "prophezeien" Zukünftiges ausdrückt, steht das Verb im Nebensatz im Futur (RW § 370.1): *prédit / prophétise qu'il n'y aura plus ...*

(7-8) in 100 Jahren in Europa: Die Präposition "in" dient hier zur Angabe eines Zeitpunktes in der Zukunft und wird mit *dans* übersetzt (im Sinne von "nach Ablauf von", RW § 328.3), während *en* die Zeitdauer von Anfang bis Ende bezeichnet (im Sinne von "innerhalb von", KK § 236).

Eine weitere Möglichkeit ist die Wendung *d'ici* + Nominalgruppe. Sie bezeichnet den Endpunkt einer Frist, die mit dem Sprechzeitpunkt beginnt, und steht nach einem Verb im Futur (KK § 239): *il n'y aura plus d'ici cent ans ...*

Die Präposition "in" in der Ortsangabe "in Europa" wird im Französischen mit *en* (und nicht mit *dans*) wiedergegeben. Vor Namen von Kontinenten steht *en* ohne Artikel (RW §§ 40, 330.1): *en Europe.*

(8-9) halb so viele Menschen ... wie heute: Der adverbiale Ausdruck "halb so viel" wird im Französischen mit dem Vergleichssatz *deux fois moins* übersetzt. Auf das Mengenadverb *moins* folgt die Präposition *de*, an die das Substantiv *gens* ohne Artikel angeschlossen wird. Außerdem wird die Konjunktion "wie" mit *que* übersetzt: *deux fois moins **de** gens qu'aujourd'hui.*

Viel knapper und eleganter ist die Konstruktion mit einer Nominalgruppe (*la moitié*), nach der ein Substantiv (*population*) mit der Präposition *de* und dem bestimmten Artikel angeschlossen wird (RW § 43.2).

Der Ausdruck "wie heute" kann prägnant durch ein Adjektiv wiedergegeben werden: *la moitié de la population actuelle.*

Möglich ist auch die Substantivierung des *que*-Satzes: *une diminution de moitié de la population actuelle.*

(9) die Bevölkerungsabnahme: Für die Übersetzung dieses Wortes ins Französische ist es hilfreich, sein genaues Gegenteil ("Bevölkerungszunahme": *croissance démographique*) zum Vergleich heranzuziehen. Nach diesem Modell kann man das Wort "Bevölkerungsabnahme" mit *déclin* oder *chute démographique* übersetzen. Möglich ist allenfalls: *la diminution de la population*.

(9-10) schreite ... voran: Das Verb "voranschreiten" wird mit *progresser* übersetzt. Möglich ist auch: *augmenter*.

Anders als im Deutschen muss im Französischen die Wiedergabe der indirekten Rede durch einen sogenannten Einleitungssatz angekündigt werden. Meistens ist das einleitende Verb eine Form von *dire* bzw. ein sinnverwandtes Wort (KK § 402). Hier kann eine Präpositionalgruppe als Einleitung fungieren: *selon cette étude / cette enquête, le déclin démographique progresse...*.

Zum Gebrauch des Indikativ Präsens bei der indirekten Rede ohne Zeitverschiebung (RW § 370.1) siehe Anmerkung (7-9).

(10-11) schneller ..., als man es ... habe voraussagen können: Das Verb "voraussagen" wird üblicherweise mit *prédire* übersetzt. Wurde dies allerdings bereits für die Wiedergabe von "prophezeien" verwendet, so wäre es guter Stil, zwei unterschiedliche deutsche Verben auch mit zwei unterschiedlichen französischen Verben zu übersetzen.

In Nebensätzen, die von einem Komparativ abhängen, kann ein überzähliges *ne* erscheinen, ohne dass dies verneinende Wirkung hat (RW § 321.4): *plus vite que ... ne ...*

In dem Vergleichssatz bezieht sich das Objektpronomen "es" auf den vorausgehenden Hauptsatz und wird im Französischen durch das Personalpronomen *le* übersetzt (RW § 132.1).

Zum Gebrauch des *passé composé* bei der Umwandlung der direkten Rede in die indirekte Rede (RW § 370.1) siehe Anmerkung (7-9): *plus rapidement qu'on (n')a pu le prédire ...*

(10) vor etwa zehn Jahren noch: Die temporale Präposition "vor" wird im Französischen mit *il y a* + Nominalgruppe übersetzt.

Der Ausdruck "etwa zehn Jahren" wird gerne durch die Kollektivzahl *une dizaine* und ein Substantiv wiedergegeben, das mit *de* an das folgende Wort angeschlossen wird (RW § 110): *une dizaine d'années*. Eine wörtliche Übersetzung ist auch möglich: *environ dix ans*.

(12) zur Zeit: Diese Zeitangabe wird im Französischen durch den adverbialen Ausdruck *en ce moment* wiedergegeben (RW § 48.7), und nicht mit *à ce moment-là* ("in diesem Augenblick, in dem Moment").

(12) etwa 400 Millionen Menschen: Kann das Zahlwort nicht mit einer Sammelzahl (wie oben) umschrieben werden, so muss das Adverb "etwa" mit dem Indefinitpronomen *quelque* im Singular übersetzt werden (RW § 104). In diesem Fall ist *quelque* ein Adverb, das unveränderlich ist. Sammelzahlen bieten sich nur für Zahlen bis 100 an.

Das Substantiv *million* wird klein geschrieben und weist im Plural ein -*s* auf (RW § 98). Das Wort "Menschen" kann mit *hommes* übersetzt werden, wirkt aber einschränkend. Besser wäre, es mit allgemeineren Wörtern wie *personnes* oder *habitants* wiederzugeben.

(13) Mit den fallenden Geburtenraten: Die wörtliche Übersetzung der Präposition "mit" durch *avec* ist an dieser Stelle möglich. Um den direkten Zusammenhang zwischen dem Geburtenrückgang und dem Alterungsprozess deutlicher hervorzuheben, welcher durch das Adverb "automatisch" impliziert wird, kann der verbale Ausdruck *allant de pair avec* ("einhergehend mit") verwendet werden.

"Die Geburtenrate" wird im Französischen mit *le taux de natalité* übersetzt.

Das als Adjektiv verwendete Partizip Präsens "fallend" wird hier nicht durch ein Verbaladjektiv, sondern durch einen präpositionalen Ausdruck aus *en* + Substantiv wiedergegeben (RW § 241.2): *en baisse*.

(15) Von den ... Raten ausgehend: Das Verb "von etwas ausgehen" kann im Französischen mit folgenden Verben übersetzt werden: *partir de, considérer, s'en tenir à, se baser sur.*

Die Wiedergabe des deutschen Partizip Präsens "ausgehend" durch ein *gérondif* ist hier nicht möglich, weil das Subjekt des Nebensatzes und das des Hauptsatzes nicht übereinstimmen (RW § 254). Dieses Partizip Präsens wird im Französischen durch einen konditionalen Nebensatz wiedergegeben, der durch die Konjunktion *si* eingeleitet wird (RW § 236.2): *si l'on part des taux / considère les taux / s'en tient aux taux.* Man beachte, dass in der gewählten Sprache nach *et, où, ou, que* und *si* die Form *l'on* verwendet wird (RW § 96).

(15-16) die alten Menschen: Dieser Ausdruck wird im Französischen nicht mit *les vieux*, sondern mit der politisch korrekten Wendung *les personnes âgées* übersetzt. Das Substantiv *gens* ("Menschen, Leute") ist maskulin; geht ihm das Adjektiv *vieux* voraus, so hat dieses die feminine Form (RW § 16.6): *les vieilles gens.*

(16) im 21. Jahrhundert: Im Französischen werden Jahrhundertangaben immer mit der Präposition *à* eingeleitet (RW § 106.1). Sie werden durch Ordnungszahlen in römischen Ziffern (und nicht in arabischen Ziffern wie im Deutschen) wiedergegeben: *au XXIe siècle.*

(16-17) eine "erdrückende Mehrheit": In Bezug auf "Mehrheit" wird im Französischen das Adjektiv "erdrückend" mit dem Verbaladjektiv *écrasant* übersetzt. Andere Übersetzungen wie *étouffant* (erstickend) oder *accablant* ("drückend, belastend") sind daher unpassend (RW § 240.1). Das sonst nachgestellte Adjektiv *écrasant* kann hier vorangestellt werden: *une «écrasante majorité».* Mit dieser affektiven Nuance versehen, wird es stärker betont als wenn es dem Substantiv nachgeordnet wäre (RW § 168.4).

(17) Wirtschaftsexperten zufolge: Zur Wiedergabe von "Experten". siehe Anmerkung (3).
 Die modale Präposition "zufolge" wird mit *selon* oder *d'après* wiedergegeben. Zur Bezeichnung einer unbestimmten Menge zählbarer Einheiten im Plural ist im Französischen der unbestimmte Artikel notwendig: *d'après des experts économiques* (RW § 35.1).

(17-19) werde ... zusammenbrechen: Die indirekte Rede wird durch "Wirtschaftsexperten zufolge" eingeleitet. Zum Gebrauch des Futurs. siehe Anmerkung (7-9).
 Das Verb "zusammenbrechen" wird im Französischen durch reflexive Verben wiedergegeben (RW § 270): *s'effondrer, s'écrouler.*

(17-18) unser bestehendes soziales Sicherheitssystem: Das Partizip Präsens "bestehend" kann im Französischen mit einem Verbaladjektiv (*existant*) oder einem präpositionalen Ausdruck (*en vigueur*) übersetzt werden. Eleganter ist der Gebrauch eines Vergleichssatzes, der durch *tel que* angeschlossen wird (RW § 84.1): *tel qu'il existe aujourd'hui.*
 Beide Adjektive *existant* und *social* müssen nachgestellt werden (siehe Anmerkung (4-5) zur Stellung von Relationsadjektiven), und zwar mit Blick auf ihr Bezugswort, hier also nach "Sicherheit": *système de garanties sociales* (RW § 170.3).

(19) da: Die begründende Verknüpfung "da" kann hier entweder durch die unterordnende Konjunktion *puisque* (RW § 344) oder durch die beiordnende Konjunktion *car* (RW § 341) wiedergegeben werden. Diese beiden Konjunktionen stehen immer mit dem Indikativ. *Comme* dagegen steht immer am Satzanfang und ist deshalb hier unpassend.

(19-20) immer weniger arbeitende Menschen: Das Partizip Präsens *travaillant* ("arbeitend") kann nicht als Verbaladjektiv verwendet werden. Es wird deshalb durch einen Relativsatz *qui travaillent* (RW § 241.1) ersetzt.

Die allmähliche Steigerung "immer weniger" wird im Französischen mit *de moins en moins* wiedergegeben (RW § 173.2). Auf diese Mengenadverbien folgt die Präposition *de*, an die das Substantiv ohne Artikel angeschlossen wird (RW § 43.1): *de moins en moins **de** gens.* Der Ausdruck "arbeitende Menschen" kann auch allein mit dem Substantiv *actifs* ("Berufstätige") übersetzt werden: *de moins en moins d'actifs.*

(20-21) für den Unterhalt von Rentnern aufkommen: Das Wort "Rentner" wird hier mit *retraité* (und nicht mit *rentier*) übersetzt.

Der verbale Ausdruck "für den Unterhalt von jemandem aufkommen" wird im Französischen durch die feste Redewendung *subvenir aux besoins de quelqu'un* wiedergegeben.

(21) müssten: Der Gebrauch dieses Konjunktiv II lässt sich durch die deutsche Grammatik erklären: Wenn die Formen des Indikativs und des Konjunktiv I in der indirekten Rede gleichlautend sind, wird der Konjunktiv II bevorzugt. Diese Zeitform bezeichnet also nichts Hypothetisches, sondern eine zukünftige Handlung, worauf die Zeitangabe "am Ende dieses Jahrhunderts" hinweist. Sie wird deshalb im Französischen durch ein ganz normales *futur simple* (*devra*) und keinen Konditional übersetzt.

(22) hält es für notwendig: Das Verb "halten für" kann mit den Verben *juger* oder *estimer* ausgedrückt werden (RW § 297.2), welche in einem *que*-Satz den Indikativ nach sich ziehen (RW § 213.1): *juge qu'il est nécessaire,* was den *subjonctif* (RW § 210.2) im folgenden *que*-Satz auslöst. Gebraucht man einen Infinitivsatz nach *juger nécessaire*, wird der Satzbau deutlich vereinfacht, wobei das Subjekt "Westeuropa" zum indirekten Objekt wird: *juge / estime nécessaire pour l'Europe de l'Ouest de...*

(23) überdenken: Für die Wiedergabe von "überdenken" bringt das Verb *réfléchir à* nicht genügend das Infragestellen zum Ausdruck, was in anderen Verben wie *réviser, repenser* oder *reconsidérer* enthalten ist.

Text Nr. 13

Frau, Kind und Karriere

Die großen Probleme fangen für Frauen in der Regel erst dann an, wenn sie nicht nur erfolgreich im Beruf sein wollen, sondern sich auch für Kinder entscheiden. Nur weniger als drei Prozent der Männer nehmen Erzie-
5 hungsurlaub[1], um sich für eine längere Zeit um das gemeinsame Kind zu kümmern. Also bleibt es größtenteils den Frauen überlassen, wie sie Kinder und Karriere miteinander vereinbaren wollen.

Nach dem Mutterschutzgesetz[2] können Frauen, aber
10 auch Männer, so genannten „Elternurlaub" nehmen, und zwar insgesamt drei Jahre lang. In dieser Zeit ruht das Arbeitsverhältnis und kann nach den drei Jahren wiederaufgenommen werden. Entscheidet das Elternteil, also meistens die Frau, nach dem Erziehungsurlaub ihren
15 Beruf weiter auszuüben, muss das Kind in einen Kindergarten oder in einen Kinderhort[3]. Doch Kindergartenplätze gibt es, zumindest im Westen Deutschlands, zu wenig. Deshalb bleiben viele Frauen länger als drei Jahre zu Hause und kümmern sich um den Nachwuchs. Wenn
20 sie dann später ins Berufsleben zurück wollen, müssen sie sich nach einer neuen Stelle umsehen.

(…) In der Gesellschaft ist schon seit langem die Entwicklung zu erkennen, dass eine Frau, die sich zunächst einmal nur um ihr Kind kümmern möchte und da-
25 für einige Jahre nicht beruflich eingespannt ist, wenig Anerkennung bekommt.

Deutsche Welle (13.06.2002)

[1] der Erziehungsurlaub: *le congé d'éducation*
[2] das Mutterschutzgesetz: *la loi de protection de la mère*
[3] der Kinderhort: *la garderie*

Femme, enfant et carrière

Les grands problèmes ne commencent en règle générale[1] pour les femmes que lorsqu'elles ne veulent pas seulement réussir[2] leur vie professionnelle, mais aussi lorsqu'elles se décident à avoir des enfants. Seulement
5   moins de trois pour cent[3] des hommes prennent un
congé d'éducation pour s'occuper sur une période plus
ou moins longue de leur enfant commun. Par consé-
quent, ce sont les femmes qui, pour l'essentiel, décident
de la façon dont elles veulent concilier leurs enfants et
10   leur carrière[4].
Selon[5] la loi de protection de la mère[6], les femmes, mais
aussi les hommes, peuvent prendre ce que l'on appelle
un «congé parental», et ce, à savoir pour une durée totale de trois ans[7]. Dans ce laps de temps, l'engagement
15   professionnel est interrompu et peut être repris[8] au bout
des trois ans en question. Si l'un des parents, c'est-à-
dire la femme[9] la plupart du temps, décide de continuer
à exercer son métier après le congé d'éducation,
l'enfant doit être mis au jardin d'enfants ou à la garderie.
20   Pourtant, des places dans les jardins d'enfants, il y en a
trop peu[10], du moins dans l'ouest de l'Allemagne. C'est
la raison pour laquelle beaucoup de femmes restent à la
maison pendant plus de trois ans à s'occuper de leur
progéniture[11]. Si elles veulent par la suite retourner à la
25   vie professionnelle, elles doivent (re)chercher un nouvel
emploi.
(...) Dans la société, on peut remarquer depuis longtemps (déjà)[12] la tendance[13] selon laquelle une femme
qui voudrait dans un premier temps[14] seulement
30   s'occuper de son enfant et dans ce but[15] n'exerce pas
de profession[16] pendant plusieurs années, ne reçoit pas
beaucoup de considération[17].

Deutsche Welle (13.06.2002)

Varianten

[1] généralement
[2] avoir du succès dans
[3] 3%
[4] Il reste alors, pour l'essentiel, aux femmes de savoir concilier enfants et carrière / Cela reste donc majoritairement l'affaire des femmes de savoir concilier deux choses : avoir des enfants et faire carrière.
[5] D'après
[6] la loi qui protège la mère
[7] pendant trois ans / années au total
[8] l'activité professionnelle est interrompue / s'interrompt et peut être reprise
[9] la mère
[10] Cependant, on ne trouve pas suffisamment de places au jardin d'enfants
[11] restent à la maison pendant plus de trois ans et s'occupent de leurs enfants
[12] Dans la société, on perçoit / remarque depuis longtemps (déjà)
[13] l'évolution
[14] au début / tout d'abord
[15] à cette fin
[16] n'est pas engagée professionnellement
[17] ne reçoit pas beaucoup de reconnaissance

Anmerkungen

Cet article de journal datant de 2002 traite d'un des thèmes centraux et porteurs de ces dernières années en Allemagne : l'incompatibilité pour les femmes de mener de front une vie de famille et une carrière professionnelle.

L'une des principales difficultés de ce texte réside dans la capacité quasiment illimitée de l'allemand de créer des mots grâce à la composition. La traduction mot à mot de ces termes donne rarement du français idiomatique : il faut donc faire preuve de souplesse et ne pas hésiter à traduire un nom par un verbe, un adjectif par un substantif. Ne restez pas prisonnier de la catégorie grammaticale du mot que vous traduisez, ni de la structure de la phrase allemande.

Zeitangaben: für eine längere Zeit (Z. 5), drei Jahre lang (Z. 11), in dieser Zeit (Z. 11), nach den drei Jahren (Z. 12), meistens (Z. 14), länger als drei Jahre (Z. 18), dann später (Z. 20), schon seit langem (Z. 22), einige Jahre (Z. 25).

Einschränkung: erst dann, wenn (Z. 2), nicht nur (Z. 2), nur (Z. 3, 24).

Artikel: Frau, Kind und Karriere (Überschrift), Frauen (Z. 1, 9), Kinder (Z. 3), der Männer (Z. 4), Erziehungsurlaub (Z. 4-5), Kinder und Karriere (Z. 7), Männer (Z. 10), nach den drei Jahren (Z. 12), das Elternteil (Z. 13), Kindergartenplätze (Z. 16-17), den Nachwuchs (Z. 19).

Wortzusammensetzung: Erziehungsurlaub (Z. 4-5, 14), Mutterschutzgesetz (Z. 9), Elternurlaub (Z. 10), Arbeitsverhältnis (Z. 12), Elternteil (Z. 13), Kindergarten (Z. 15-16), Kinderhort (Z. 16), Kindergartenplätze (Z. 16-17), Berufsleben (Z. 20).

Frau, Kind und Karriere: Wie im Deutschen fehlt der Artikel im Französischen vor Substantiven, die in Zeitungsüberschriften stehen (RW § 37.3): *Femme, enfant et carrière.*

(1) für Frauen: Nicht *pour des femmes*, weil der unbestimmte Artikel *des* sehr einschränkend wirkt und bedeuten würde, dass nur einige Frauen von diesen Problemen betroffen sind. Werden Gattungsnamen wie *femmes* verallgemeinernd gebraucht, steht der bestimmte Artikel *les* (RW § 33.3): *pour **les** femmes.*

(2) erst dann ..., wenn: Das Adverb "erst" in Verbindung mit der Konjunktion "wenn" bezeichnet hier eine Einschränkung, die im Französischen mit *ne ... que* ausgedrückt wird; *ne* steht vor dem konjugierten Verb, *que* vor dem eingeschränkten Satzteil, also hier vor der Konjunktion *quand* oder *lorsque* (RW § 323.2): *Les grands problèmes **ne** commencent en règle générale pour les femmes **que** lorsqu'elles ...*

(2) erfolgreich im Beruf sein: Die Wendung "erfolgreich in etwas sein" wird üblicherweise mit *avoir du succès dans quelque chose* wiedergegeben. Hier wirkt jedoch *avoir du succès dans leur profession / métier* schwerfällig. Eine elegantere Lösung wäre der Gebrauch der Redewendung *réussir sa vie professionnelle.*

(3) sich für Kinder entscheiden: Dieser Ausdruck kann nicht wörtlich mit *se décider pour des enfants* übersetzt werden, was im Deutschen "sich für Kinder aussprechen" bedeutet. Hier wird ein Infinitivsatz entweder nach dem Verb *décider* durch die Präposition *de* oder nach dem Verb *se décider* durch die Präposition *à* angeschlossen (RW § 261): *lorsqu'elles décident **d'**avoir des enfants / se décident **à** avoir des enfants.*

(3-4) Nur weniger als drei Prozent der Männer: "Prozent" wird entweder ausgeschrieben (*pour cent*) oder durch ein Zeichen (%) ersetzt. Auf das Mengenadverb *moins* ("weniger") folgt die Präposition *de*, an welche die Prozentangabe angeschlossen wird (RW §§ 173.1, 310.4): *moins de trois pour cent.*
   Wenn das Adverb "nur" sich auf ein Subjekt bezieht und dabei häufig am Satzanfang steht, wird es im Französischen mit dem Adjektiv *seul* übersetzt, das sich in Geschlecht und Zahl nach dem Subjekt richtet. Hier steht jedoch "nur" vor einer Mengenangabe ("weniger als drei Prozent") und wird deshalb nicht mit *seul*, sondern mit *seulement* ausgedrückt (RW § 323.1): *Seulement moins de trois pour cent des hommes.*

(4-5) nehmen Erziehungsurlaub: Das Wort "Urlaub" heißt hier nicht *vacances* ("Ferien"), sondern *congé*. Wo im Deutschen vor einem zusammengesetzten Wort der Artikel fehlt, muss im Französischen häufig ein unbestimmter (und kein partitiver!) Artikel stehen: *prennent **un** congé d'éducation.*

(5) für eine längere Zeit: Dieser Komparativ drückt keinen Vergleich, sondern eine Abschwächung der Grundbedeutung des Adjektivs "lang" aus (RW § 173.2). Dies wird jedoch im Französischen nicht durch einen Komparativ, sondern durch einen relativierenden Ausdruck wiedergegeben: *sur une période plus ou moins longue / relativement longue.* Möglich ist auch *pour un certain temps.*

(5-6) das gemeinsame Kind: Die wörtliche Übersetzung *l'enfant commun* ("das gewöhnliche Kind") wird dem deutschen Text nicht gerecht und ist daher unpassend. Das mit dem Adjektiv "gemeinsam" ausgedrückte Zugehörigkeitsverhältnis kann im Französischen entweder durch einen Relativsatz (*l'enfant qu'ils ont / élèvent **en** commun*) oder durch eine Nominalgruppe mit einem Possessivbegleiter (*leur enfant commun*) übersetzt werden.

(6-7) bleibt es ... den Frauen überlassen: Der unpersönliche Ausdruck "etwas bleibt jemandem überlassen" wird im Französischen auch mit unpersönlichen Wendungen wiedergegeben: *c'est quelqu'un qui décide de quelque chose / qui prend la décision de faire quelque chose* oder *il reste à quelqu'un à* + Infinitiv.

(6) größtenteils: Dieses Adverb heißt hier *en majeure partie, majoritairement* ("zum größten Teil"), *dans la plupart des cas* ("meistens") oder *pour l'essentiel* ("im Wesentlichen") und nicht *pour la plupart* ("fast alle").

(7-8) wie sie Kinder und Karriere miteinander vereinbaren wollen: Wie im Deutschen fehlt auch im Französischen der Artikel vor zusammengehörigen Begriffen, die mit *et* verbunden werden (RW § 37.7): *enfants et carrière*. Ein Possessivadjektiv kann auch vor jedem Substantiv wiederholt werden (RW § 66): *leurs enfants et leur carrière*. Das Verb "miteinander vereinbaren" wird mit *concilier* wiedergegeben, wobei das Adverb "miteinander" nicht unbedingt übersetzt werden muss: *concilier (entre eux) enfants et carrière*.

Hier bezeichnet das Adverb "wie" die Art und Weise und wird im Französischen nicht mit *comment*, sondern mit *la façon / la manière dont ...* ausgedrückt.

(9) Nach dem Mutterschutzgesetz: Die Präposition "nach" wird mit *selon* oder *d'après* wiedergegeben: *selon / d'après la loi de protection de la mère*.

(9-10) Frauen, aber auch Männer: Zur Übersetzung des deutschen unbestimmten Artikels im Plural siehe Anmerkung (1): *les femmes, mais aussi les hommes.*

(10) so genannten „Elternurlaub" nehmen: Siehe Anmerkung (4-5) zur Übersetzung von "Erziehungsurlaub nehmen". Das zusammengesetzte Wort "Elternurlaub" wird nicht mit *congé de parents*, sondern mit *congé parental* übersetzt. Das Adjektiv "so genannt" wird mit *le dit ...* oder *ce que l'on appelle ...* (RW § 243.2) wiedergegeben: *le dit «congé parental»* oder *ce que l'on appelle un «congé parental»*. Man beachte, dass in der gewählten Sprache nach *et, où, ou, que* und *si* die Form *l'on* verwendet wird (RW § 96). Unpassend wären *prétendu* ("angeblich") und *soi-disant*, das sich nur auf Personen bezieht: *un soi-disant médecin*.

(10-11) und zwar insgesamt drei Jahre lang: Der adverbiale Ausdruck "und zwar" leitet eine Erläuterung des vorhergehenden Satzes ein und wird deshalb im Französischen mit *à savoir* ausgedrückt.

Die Wendung "insgesamt drei Jahre lang" kann wörtlich (*pendant trois ans au total*) ins Französische übertragen oder durch *pour une durée totale de trois ans* umschrieben werden.

(11) In dieser Zeit: Diese Zeitangabe wird im Französischen durch den adverbialen Ausdruck *pendant ce temps-là* oder *dans ce laps de temps* ("in diesem Zeitraum") wiedergegeben. Diese adverbiale Bestimmung wird durch ein Komma vom Satz getrennt, weil sie am Satzanfang steht (RW § 13.2).

(11-12) ruht das Arbeitsverhältnis: Das Verb "ruhen" wird hier nicht im Sinne von "ausruhen" (*se reposer*), sondern im Sinne von "eingestellt werden" (*être arrêté / interrompu / suspendu / gelé*) gebraucht. Das zusammengesetzte Wort "Arbeitsverhältnis" wird üblicherweise mit *contrat de travail* übersetzt, beschreibt aber keine Handlung oder Tätigkeit, die zum Stillstand kommen könnte. Die vorgeschlagene Übersetzung mit der Nominalgruppe *l'engagement professionnel* ist passender.

(12) nach den drei Jahren: Nicht *après trois années*, weil die vorangestellte Präposition *après* nur eine zeitliche Reihenfolge bezeichnet. Mit *au bout de* + Nominalgruppe dagegen gibt man das Ende eines Zeitraumes an (RW §§ 100.4, 324).

Die Übersetzung des deutschen Artikels "den" durch das Französische *les* ist hier nicht ausreichend. Wenn im Deutschen nämlich der bestimmte Artikel durch das Demonstrativadjektiv "diesen" ersetzt werden kann, muss im Französischen der Demonstrativbegleiter *ces* vor der Nominalgruppe *trois années* stehen (RW § 49): *au bout de ces trois années.* Auch möglich ist die Ergänzung mit *en question*, wobei die Präposition *de* mit Artikel stehen muss, weil das Substantiv *années* näher bestimmt wird: *au bout des trois années en question.*

(13-14) Entscheidet das Elternteil, also meistens die Frau: In diesem uneingeleiteten Bedingungssatz, wird die Konjunktion "wenn" oder "falls" weggelassen, und die Verbform steht an erster Stelle. Diese Konstruktion ist im Französischen nicht möglich. Der Bedingungssatz muss mit der Konjunktion *si* eingeleitet werden.

Dem Pluraletantum "Eltern" entspricht im Französischen nur die Plural-
form *les parents*, während der Singular *le parent* allgemein für einen
Verwandten steht. Um "Elternteil" auszudrücken, muss das Substantiv
parents also ergänzt werden: *un des parents*. In gewählter Sprache
wird nach *et, où, ou, que* und *si* die Form *l'un* verwendet (RW § 102):
Si l'un des parents décide ...

(14-15) ihren Beruf weiter auszuüben: Dem deutschen Adverb "weiter" entspricht kein französisches Adverb, es muss in Zusammensetzung mit Verben wie "ausüben" verbal umschrieben werden, etwa mit
continuer à / d'exercer son métier (RW §§ 258.1, 263.7, 307.5).

**(15-16) muss das Kind in einen Kindergarten oder in einen Kin-
derhort:** Der deutsche "Kindergarten" entspricht nicht genau der französischen *école maternelle* ("Vorschule"). Diese ist häufig einer normalen Schule angegliedert, wird fachlich beaufsichtigt und kann von Kindern ab zweieinhalb Jahren besucht werden. Spielerisch werden in
diesen Vorschulen die ersten Lese- und Schreibfertigkeiten geübt. Die
pädagogischen Kräfte sind Lehrer oder Lehrerinnen, die sowohl für den
Vorschul- als auch für den Grundschulbereich ausgebildet sind. Deswegen sollte man "Kindergarten" nicht mit *école maternelle*, sondern
mit *jardin d'enfants* übersetzen.

Während im Deutschen die Kombination "müssen" + Präposition "in"
völlig ausreichend ist, um eine Richtung anzugeben, muss im Französischen ein Bewegungsverb (*aller* oder *être mis*) in Verbindung mit
einer Präposition stehen. Der Präposition "in" entsprechen hier die
Präpositionen *à* oder *dans* zur Angabe der Richtung (RW § 325.1). *À*
drückt in ganz allgemeiner Weise Lage oder Richtung jeglicher Art
ohne genauere Angaben aus. *Dans* dagegen betont sehr genau die
Vorstellung, dass sich etwas "drinnen" befindet, bzw. eine Bewegung
"in etwas hinein" verläuft (KK § 242): *au jardin d'enfants ou à la garderie / dans un jardin d'enfants ou dans une garderie.*

(16-18) Doch Kindergartenplätze gibt es ... zu wenig: Zur Bezeichnung einer unbestimmten Menge zählbarer Einheiten im Plural ist im
Französischen der unbestimmte Artikel notwendig: *des places au jardin d'enfants / dans les jardins d'enfants* (RW § 35.1).

Hier wird das direkte Objekt "Kindergartenplätze" dadurch betont, dass es dem konjugierten Verb ("gibt es") vorausgeht. Im Französischen wird das zu betonende Satzglied (*des places au jardin d'enfants*) an den Satzanfang gestellt, wobei es im eigentlichen Satz durch das Pronominaladverb *en*, besonders bei Mengen- und Zahlangaben, wiederaufgenommen wird (RW § 134.3). Der betonte Satzteil muss dabei durch ein Komma vom eigentlichen Satz getrennt werden (RW § 357.2): *Pourtant, des places au jardin d'enfants, il y **en** a trop peu.*

(17) zumindest im Westen Deutschlands: Himmelsrichtungen werden groß geschrieben, sofern sie eine Region bezeichnen und keine Ergänzung bei sich haben (RW § 12.2): *l'Allemagne de l'Ouest.* Aber: *l'ouest de l'Allemagne.*

Die Präposition "in" in der Ortsangabe "im Westen Deutschlands" wird (vor Himmelsrichtungen) im Französischen mit *dans* wiedergegeben: ***dans** l'ouest de l'Allemagne.* Vor Ländernamen wird die Präposition *en* verwendet (RW § 40.2): ***en** Allemagne de l'Ouest,* was allerdings das Staatsgebilde Westdeutschland beschreibt und deshalb hier nicht zutrifft. Falsch wäre *à l'ouest de*, was eigentlich ein Adverb ist und "westlich von" heißt.

Das Adverb "zumindest" ist mit *du moins* zu übersetzen, was im Französischen vor- oder nachgestellt werden kann.

(19) länger als drei Jahre: Diese Zeitangabe muss im Französischen durch die Präposition *pendant* eingeleitet werden. Zur Wiedergabe von "als" siehe Anmerkung (3-4).

(19) und kümmern sich um den Nachwuchs: Das Wort "Nachwuchs" kann einfach mit *enfants* oder *progéniture* übersetzt werden. Der Possessivbegleiter ist jedoch erforderlich*: s'occupent de **leurs** enfants / de **leur** progéniture.*

(19-20) Wenn sie dann später ins Berufsleben zurück wollen: Die Entscheidung, ob die Konjunktion "wenn" hier einen temporalen oder einen konditionalen Nebensatz einleitet, ist nicht eindeutig. Je nachdem würde der Nebensatz mit *quand* oder *si* eingeleitet (RW §§ 343, 348).

Das zusammengesetzte Wort "Berufsleben" heißt *vie professionnelle* oder *vie active.* Das Adverb "zurück" in Verbindung mit dem Modalverb "wollen" erfordert im Französischen zusätzlich ein Richtungsverb wie *revenir* oder *retourner* ("zurückkehren"). Diese schließen Ortsangaben nur mit der Präposition *à* (und nicht mit *dans*) an: *retourner / revenir **à** la vie professionnelle.*

(22-23) In der Gesellschaft ist ... die Entwicklung zu erkennen, dass: Das Verb "erkennen" kann hier mit *percevoir* oder *remarquer* (und nicht mit *reconnaître*) übersetzt werden. Die Konstruktion aus "sein" + Infinitiv ("die Entwicklung ist zu erkennen"), auch modaler Infinitiv genannt, ist eine Form des Passivs und bedeutet "man kann die Entwicklung erkennen". Sie wird nicht wörtlich übersetzt, sondern durch eine Konstruktion mit *on* (RW § 231): *on peut percevoir / remarquer ...*

Für die Wiedergabe von "Entwicklung" eignet sich das Wort *évolution* hier am besten. Man spricht auch von *tendance* ("Trend") in Bezug auf eine Entwicklungsrichtung, die sich dauerhaft abzeichnet. Während im Deutschen ein dass-Satz ans Substantiv angeschlossen sein kann, muss im Französischen auf das Substantiv *l'évolution* oder *la tendance* die Präposition *selon* + *laquelle* folgen (RW § 148.1).

(22) schon seit langem: Der Gebrauch des Adverbs *déjà* ist zusammen mit dem adverbialen Ausdruck *depuis longtemps* fakultativ. Es wird dann meistens nachgestellt (RW § 309.7).

(23-24) zunächst einmal: Das Adverb "einmal" ist hier ohne eigentliche Bedeutung, es wirkt jedoch verstärkend, was man im Französischen durch Wendungen wie *tout d'abord*, *tout au début* oder *dans un premier temps* ("vorerst") wiedergeben kann.

(24-25) und dafür einige Jahre nicht beruflich eingespannt ist: Das Pronominaladverb "dafür" bedeutet hier "für diesen Zweck" und wird im Französischen nicht wörtlich mit *pour cela*, sondern mit *à cette fin* oder *dans ce but* übersetzt.

Für die Wendung "beruflich eingespannt sein" gibt es im Französischen keine genaue Entsprechung. Sie muss also mit *être engagé(e) professionnellement* oder *exercer une profession* umschrieben werden. Möglich ist allenfalls *travailler*.

Vor der Zeitangabe *quelques années* ("einige Jahre") ist die Präposition *pendant* erforderlich. Die Präposition *pour* dient zwar zur Angabe eines befristeten Zeitraums wie *pendant*, sie wird aber nur in bestimmten Fällen verwendet (KK § 236 u. RW § 332.2): *pour les vacances*, *pour trois ans*.

(25-26) wenig Anerkennung bekommt: Der Ausdruck *recevoir de la reconnaissance* ist nicht falsch, aber weniger gebräuchlich als *recevoir de la considération* ("Ansehen"). Nach den Mengenangaben *peu* ("wenig") oder *beaucoup* ("viel") steht *de* ohne Artikel (RW § 310.4): *elle reçoit peu de considération / de reconnaissance* oder *elle ne reçoit pas beaucoup de considération / de reconnaissance*.

Text Nr. 14

Die Lust des Lesens

Wie Jugendliche die Zeitung liebenlernen

Lesen ist mehr als andere Fähigkeiten vom Elternhaus geprägt. Kinder von nichtlesenden Eltern „werden in den seltensten Fällen zu Leseratten", so Heike Schmoll in dem F.A.Z.-Leitartikel „unterforderte Schüler". Wenn aber
5 rund zwei Drittel aller Kinder und Jugendlichen in Familien aufwachsen, die keine Zeitungsabonnements beziehen, wie sollen diese regelmäßige Zeitungsleser werden?

Um junge Menschen zum Lesen einer Zeitung zu motivieren, bedienen sich die Verlage unterschiedlichster
10 Mittel. Manche Zeitungsverlage bieten Chatkonferenzen mit Prominenten an. Ohne dass man die Schüler zur Zeitung hingeführt hat, werden sie auf diesem Weg gleich wieder von ihr weggeführt. Die Zeitung wird zum Steigbügelhalter[1] für andere Medien degradiert. Ähnlich ver
15 hält es sich mit der Aufforderung, witzige oder skurrile SMS-Grüße zu verschicken, die dann in der Tageszeitung veröffentlicht werden. (…)

Kurzfristige kostenlose Abonnements von Tages- oder Wochenzeitungen sind ein weiterer Versuch, junge Leser
20 zu werben. Kinder und Jugendliche, die nicht bereits eine Zeitung lesen, lernen in den wenigen Tagen zu viele Fakten und Begriffe, die sie einfach nicht verstehen können, weil das Hintergrundwissen fehlt. Da sie in dieser kurzen Zeit erleben, dass die Zeitung unverständlich ist, werden
25 sie später kaum zu einer greifen.

Nach einem Artikel von Peter BRAND in: *F.A.Z.* (15.10.2002).

[1] Der Steigbügelhalter: *le soutien occulte*

Le plaisir de lire[1]

Comment les jeunes[2] apprennent à aimer le journal

Lire est, plus que toute autre aptitude[3], marqué par le milieu[4] familial[5]. Les enfants de parents qui ne lisent pas «deviennent très rarement des liseurs[6] acharnés[7]», comme le dit[8] Heike Schmoll dans l'éditorial du journal

5 F.A.Z. intitulé : «Des élèves pas assez sollicités». Mais si environ deux tiers de tous les enfants et adolescents grandissent dans des familles qui ne sont abonnées à aucun journal, comment voulez-vous que ceux-ci deviennent[9] des lecteurs réguliers de journaux[10] ?

10 Pour motiver[11] les jeunes gens à lire un journal, les maisons d'édition ont recours aux moyens les plus divers et variés. Certaines maisons de presse proposent des conférences où l'on peut discuter sur Internet avec des célébrités[12]. Sans que l'on ait conduit[13] les élèves vers

15 le[14] journal, ils en sont par là même tout de suite détournés[15] [16]. Le journal est rabaissé au rang de soutien occulte d'autres médias. Il en va de même pour l'invitation à expédier[17] par textos[18] des salutations drôles ou loufoques[19], qui seront ensuite publiées dans la presse. (...)

20 Autre tentative pour gagner[20] de jeunes lecteurs[21] : les abonnements limités[22] et gratuits à des quotidiens ou à des hebdomadaires. Les enfants et les adolescents qui ne lisent pas déjà de journal[23] apprennent en l'espace de ces quelques jours trop de faits et de concepts à tel point

25 qu'ils[24] ne peuvent tout simplement pas les comprendre parce qu'il leur manque les connaissances générales[25]. Comme ils se rendent compte[26] pendant ce court laps de temps que ce journal est incompréhensible[27], ils n'en prendront guère un par la suite[28].

D'après un article de Peter BRAND in: *F.A.Z.* (15.10.2002)

Varianten

1 Le plaisir de la lecture
2 les adolescents
3 faculté
4 contexte
5 La lecture est, plus que toute autre aptitude forgée par l'éducation parentale.
6 lecteurs
7 des dévoreurs de bouquins / des rats de bibliothèque
8 comme l'écrit
9 comment ceux-ci devraient / pourraient-ils être
10 comment voulez-vous qu'ils lisent régulièrement des / les journaux ?
11 inciter
12 gens célèbres / vedettes / personnalités
13 amené
14 au
15 éloignés
16 on les en éloigne / on les en détourne par là même tout aussitôt
17 envoyer
18 par mini-messages
19 cocasses
20 conquérir
21 de trouver des abonnés parmi les jeunes lecteurs
22 temporaires / de courte durée
23 journaux
24 trop de faits et de concepts, si bien qu'ils
25 les connaissances de base
26 voient
27 qu'ils ont du mal à comprendre ce journal
28 ils n'y auront guère recours plus tard

Anmerkungen

Cet article datant d'octobre 2002 traite d'un sujet de plus en plus préoccupant : le désintérêt des jeunes générations pour la presse. L'auteur voit les raisons de cette désaffection dans la victoire des médias électroniques sur les supports traditionnels de l'écrit dans les pratiques culturelles des jeunes. L'article finit sur un constat pessimiste : Si rien ne change dans l'offre des groupes de presse, si ceux-ci ne mettent pas en place de nouvelles stratégies pour toucher un public qui lit peu, on assistera à moyen terme à la mort prochaine du journal et de la lecture.

La principale difficulté de ce texte tient aux nombreux déterminants utilisés. Il faudra choisir en français entre l'article défini, indéfini et partitif. En outre, la virgule peut être à l'origine de nombreuses erreurs de ponctuation, notamment pour séparer les compléments circonstanciels, les subordonnées relatives et infinitives des autres membres de la phrase. Pour ce qui est des temps verbaux, il ne faut pas oublier que souvent le français préfère le futur au présent de l'indicatif.

Komposition: Elternhaus (Z. 1-2), nichtlesend (Z. 2), Leseratten (Z. 3), Leitartikel (Z. 4), Zeitungsabonnements (Z. 6), Zeitungsleser (Z. 7), Zeitungsverlage (Z. 10), Chatkonferenzen (Z. 10), Steigbügelhalter (Z. 13-14), SMS-Grüße (Z. 16), Tageszeitung (Z. 16-17, 18-19), Wochenzeitungen (Z. 19), Hintergrundwissen (Z. 23).

Null-Artikel: Jugendliche (Überschrift), andere Fähigkeiten (Z. 1), Kinder (Z. 2), nichtlesende Eltern (Z. 2), Leseratten (Z. 3), unterforderte Schüler (Z. 4), Familien (Z. 5), regelmäßige Zeitungsleser (Z. 7), junge Menschen (Z. 8), Chatkonferenzen (Z. 10), Prominenten (Z. 11), SMS-Grüße (Z. 16), kurzfristige kostenlose Abonnements (Z. 18), Tages- oder Wochenzeitungen (Z. 18-19), junge Leser (Z. 19), Kinder und Jugendliche (Z. 20).

Die Lust des Lesens: Das Französische substantiviert Verben wesentlich seltener als das Deutsche. Die wörtliche Übersetzung *le lire* ist ungebräuchlich. Daher wird hier das Substantiv *la lecture* verwendet.

Im Deutschen wird "Lust" + Genitiv im Sinne von Freude, Vergnügen, Wohlgefallen gebraucht und im Französischen durch *le plaisir de* (+ Infinitiv oder Substantiv) wiedergegeben: *le plaisir de lire / de la lecture. L'envie de* entspricht dem Deutschen "Lust auf" (im Sinne von innerem Bedürfnis, Wunsch) und ist hier unpassend.

Wie Jugendliche die Zeitung liebenlernen: Das Substantiv "Jugendliche" heißt *les jeunes, les adolescents* oder *les jeunes gens*.

Ein fehlender Artikel im Deutschen kann häufig die Gesamtheit einer Menge bezeichnen. In diesem Fall muss man also im Französischen den bestimmten Artikel verwenden (Confais § 330): *les jeunes / les adolescents / les jeunes gens.*

Nach dem Verb *apprendre* ("lernen") wird der Infinitiv durch die Präposition *à* angeschlossen (RW § 258.1, KK § 197, Confais § 189): *Comment les jeunes apprennent à aimer le journal.*

(1-2) Lesen ist mehr als andere Fähigkeiten vom Elternhaus geprägt: Der Infinitiv "lesen" als vorangehendes Subjekt heißt *lire* oder *la lecture*, je nachdem, wie es in der Überschrift übersetzt wurde.

Für das Substantiv "Fähigkeit" gibt es viele Entsprechungen im Französischen: *faculté, capacité* oder *aptitude*.

Nach *plus* ("mehr") wird im Vergleichssatz das zweite Bezugselement des Vergleichs mit *que* ("als") angeschlossen (RW § 173.1, KK § 215).

Vor dem Adjektiv *autres*, das vokalisch anlautet, wird die Reduktionsform des unbestimmten Artikels *d'* verwendet (RW § 31.3): *d'autres* (und nicht *des autres*) *facultés / aptitudes*. Es ist auch möglich, diese Nominalgruppe im Singular auszudrücken, indem man dem Adjektiv *autre* das verstärkende Adjektiv *tout* voranstellt, das dann angeglichen werden muss. Dies gilt immer, wenn *tout(e) autre* im Sinne von "irgendein(e) andere(r)" verwendet wird und wenn man das zugehörige Substantiv zwischen *tout(e)* und *autre* einschieben könnte: *toute autre faculté / aptitude* oder *toute faculté / aptitude autre*.

Das zusammengesetzte Wort "Elternhaus" wird im Französischen durch ein Kompositum aus Substantiv + Adjektiv übersetzt (RW § 378.1), sowohl in wörtlicher (*maison familiale*) als auch in übertragener Bedeutung (*milieu / contexte familial*). Der Kontext erfordert die Übersetzung des Wortes im Sinne von "familiäres Umfeld".

Die Passivform "ist ... geprägt" wird im Französischen durch *est marqué* wiedergegeben. Wie bei den weitaus meisten Verben ist auch bei *marquer* die Präposition für die Agensangabe *par* (RW § 224, Confais § 221).

Der ganze Satz kann auch wie folgt umschrieben werden: *La lecture est, plus que toute autre aptitude ' forgée par l'éducation parentale.*

(2) Kinder von nichtlesenden Eltern: Dem fehlenden Artikel vor Gattungsnamen (z.B. "Kinder") entspricht im Französischen der bestimmte Artikel, der zur Verallgemeinerung dient (RW § 33.3): ***Les** enfants*. Ferner erfüllt das Fehlen des Artikels vor "Eltern" die Funktion eines Teilungsartikels (Confais § 329). Da das Substantiv *parents* zum ersten Mal erwähnt wird, ohne vorher näher bestimmt worden zu sein, wird es mit der Präposition *de* ohne Artikel angeschlossen (RW §§ 35.1, 43.2): ***Les** enfants **de** parents*.

Das Präsenspartizip "nichtlesend" wird hier adjektivisch, d.h. als Attribut zu einem Nomen verwendet. Im Französischen wird es weder durch ein Partizip Präsens noch durch ein Verbaladjektiv, sondern durch einen Relativsatz wiedergegeben, vor dem kein Komma steht: *Les enfants de parents qui ne lisent pas.*

(2-3) werden in den seltensten Fällen zu Leseratten: Zur Wiedergabe von "in den seltensten Fällen" besteht die Möglichkeit, im Französischen zwischen relativem (*dans les cas les plus rares*) und absolutem Superlativ (*très rarement*) zu wählen.

Im verbalen Ausdruck "zu etwas werden" bleibt im Französischen die Präposition "zu" unausgedrückt: *devenir quelque chose.*

Das zusammengesetzte Wort "Leseratte", das umgangssprachlich oder scherzhaft jemanden bezeichnet, der gern und viel liest, kann durch *liseur / lecteur acharné* oder *dévoreur de bouquins* übersetzt werden. Das Französische bietet zwar mit *rat de bibliothèque* einen bildlichen Ausdruck, der dem deutschen Ausdruck "Leseratte" sehr nahe kommt. Allerdings trifft die Bedeutung des französischen Ausdrucks (eher "Bücherwurm") den Sinn des Textes nicht optimal.

(3-4) so Heike Schmoll in dem F.A.Z.-Leitartikel „unterforderte Schüler": Das Konjunktionaladverb "so" wird oft in Zeitungsartikeln verwendet, wenn es darum geht, jemanden zu zitieren, und kann im Französischen durch *comme le dit / l'écrit...* oder *comme l'a dit / écrit ...* ausgedrückt werden.

Das zusammengesetzte Wort "Leitartikel" wird durch das Substantiv *éditorial* (und nicht durch *article principal*) übersetzt.

Aus praktischen Gründen sollte man im Französischen vor jedem deutschen Zeitungsnamen das Wort *journal* hinzufügen: *dans l'éditorial du journal F.A.Z.* (und nicht *de la* oder *du F.A.Z.*).

Vor dem Titel des Leitartikels sollte *intitulé* oder *ayant pour titre* hinzugefügt werden: *comme le dit Heike Schmoll dans l'éditorial du journal F.A.Z. intitulé : «...»*

Es gibt keine französische Entsprechung für das Perfektpartizip "unterfordert". Es muss daher mit einem Relativsatz (*dont les capacités sont sous-exploitées*) oder mit einem attributivisch gebrauchten Partizip (*pas assez sollicité*) umschrieben werden. Man beachte den Wegfall des Verneinungselements *ne* vor dem Partizip *sollicité* (RW § 318.4, KK § 295).

Vor Substantiven, die in Zeitungsüberschriften stehen, sollte eigentlich im Französischen der Artikel fehlen (RW § 37.3). Da das Substantiv "Schüler" durch "unterfordert" ergänzt wird, muss der unbestimmte Artikel verwendet werden: *«Des enfants pas assez sollicités / dont les capacités sont sous-exploitées».*

(4-6) Wenn aber rund zwei Drittel aller Kinder und Jugendlichen ... aufwachsen: An die Mengenangabe *deux tiers* wird das folgende Substantiv mit der Präposition *de* angeschlossen (RW § 43.2): *environ deux tiers* **de** *tous les enfants et adolescents grandissent.*

Die Konjunktion "wenn" kann hier durch *quand* oder *si* wiedergegeben werden. In diesem Fall hat die Konjunktion *si* keinen hypothetischen Charakter (Confais § 76, RW § 348).

(5-6) in Familien ..., die keine Zeitungsabonnements beziehen: Der Nullartikel im Deutschen wird im Französischen häufig durch den unbestimmten Artikel ausgedrückt, wenn eine unbestimmte Anzahl einer zählbaren Menge genannt wird (RW 35.1): *dans **des** familles ...*

Die Wendung "ein Zeitungsabonnement beziehen" kann im Französischen durch *avoir souscrit un abonnement à un journal* oder durch *être abonné à un journal* wiedergegeben werden. Man beachte den Gebrauch eines reflexiven Verbs (*s'abonner à qc*) im Französischen zur Wiedergabe des transitiven Verbs "etwas abonnieren" (RW § 270).

Zur Verneinung eines präpositionalen Objekts (*à un journal*) dient der unbestimmte Begleiter *aucun*, der immer vor einem Nomen im Singular steht (RW § 322.8, KK § 61): *ne sont abonnées à aucun journal*.

Das Relativpronomen "die" leitet einen einschränkenden Relativsatz ein, der für das Verständnis des Hauptsatzes unbedingt erforderlich ist (RW § 143.1). Deshalb wird er im Französischen nicht durch ein Komma vom Hauptsatz abgetrennt (RW § 13): *dans des familles qui ne sont abonnées à aucun journal*.

(7) wie sollen diese regelmäßige Zeitungsleser werden?: Das Demonstrativpronomen "diese" nimmt ein vorher genanntes Substantiv ("Kinder und Jugendliche") wieder auf und wird deshalb im Französischen durch die zusammengesetzte Form *ceux-ci* übersetzt (RW § 53.1, KK § 123).

Das Modalverb "sollen" erfüllt eine besondere Funktion in Fragesätzen. Es wird nämlich verwendet, wenn man um einen Ratschlag bezüglich einer Entscheidung fragt. Im Französischen kann dieses Modalverb durch das Verb *devoir* im *conditionnel présent* oder durch das Verb *vouloir* in der 2. Person Singular bzw. Plural wiedergegeben werden (RW § 264.7).

Je nachdem, wie "sollen" ins Französische übertragen wird, ändert sich der Satzbau der Fragestellung. Bei der Wiedergabe mit *devoir* erfolgt die komplexe Inversion: Das Subjekt steht vor dem Verb (normale Stellung), wird aber nach dem Verb durch ein Personalpronomen wiederholt (RW § 354.1, Confais § 319): *comment ceux-ci devraient-**ils** devenir ...* . Wenn "sollen" durch das Verb *vouloir* übersetzt wird, steht im Nebensatz nach einleitendem *que* der *subjonctif* (RW § 210.1): *comment voulez-vous que ceux-ci deviennent ...*

Die Nominalgruppe "regelmäßige Zeitungsleser" heißt *des lecteurs réguliers de journal / de journaux*. *Des lecteurs de journaux réguliers* hat eine andere Bedeutung. Zum Gebrauch des unbestimmten Artikels siehe Anmerkung (5-6).

Um den Satzbau zu vereinfachen, kann man aus der Nominalgruppe einen verbalen Ausdruck machen: *comment voulez-vous que ceux-ci lisent régulièrement des / les journaux ?*

(8-9) Um junge Menschen zum Lesen einer Zeitung zu motivieren: Werden Gattungsnamen verallgemeinernd gebraucht, steht der bestimmte Artikel *les* (RW § 33.3): *les jeunes gens*. Nicht *des jeunes gens*, weil der unbestimmte Artikel *des* sehr einschränkend wirkt und bedeuten würde, dass nur einige Jugendliche gewonnen werden sollen.

Nach *motiver* oder *inciter quelqu'un* steht ein Infinitivsatz, der durch *à* eingeleitet wird. Nach diesem Infinitivsatz wird ein Komma gesetzt, weil dieser dem Hauptsatz vorausgeht (RW § 13.2): *Pour motiver / inciter les jeunes gens à lire le journal, ...*

(9-10) bedienen sich die Verlage unterschiedlichster Mittel: Das Verb "sich einer Sache bedienen" kann im Französischen durch das reflexive Verb *se servir* mit *de*-Objekt (RW § 286.2) oder durch Verben wie *avoir recours / recourir* mit *à*-Objekt (RW § 285.1) ausgedrückt werden.

Das Adjektiv "unterschiedlich" wird im Allgemeinen durch *différent* übersetzt. Im Superlativ ist allerdings der feste (redundante) Ausdruck *divers et varié* angebrachter: *les maisons d'édition ont recours aux moyens les plus divers et variés*.

(10-11) Manche Zeitungsverlage bieten Chatkonferenzen mit Prominenten an: Das zusammengesetzte Substantiv "Zeitungsverlag" wird im Französischen durch *maison de presse* wiedergegeben. *Maison de la presse* dagegen ist in Frankreich ein Laden, wo man Schreibwaren und Zeitungen kaufen kann.

Das Indefinitpronomen "manche(r)" im Plural kann im Französischen durch *certains* (RW § 83.1) oder *plus d'un* (RW § 82, KK § 58) übersetzt werden, wobei das Prädikat nach Letzterem im Singular steht: *Certaines maisons de presse proposent / Plus d'une maison de presse propose ...*

Zur Wiedergabe des Verbs "anbieten" passt hier das Verb *proposer* ("vorschlagen") besser als *offrir* ("zur Auswahl vorschlagen").

Das zusammengesetzte Wort "Chatkonferenzen" kann nicht wörtlich ins Französische übertragen werden. "Chat" heißt *causette* oder *forum de discussion,* was aber nur schwierig mit *conférences* ("Konferenzen") zu kombinieren ist. Da das Verb *chatter* nur umgangssprachlich für *converser sur Internet / sur le net* gebraucht wird, kann man "Chatkonferenzen" mit *des conférences où l'on peut discuter sur Internet* umschreiben. Man beachte, dass in der gewählten Sprache nach *et, où, ou, que* und *si* die Form *l'on* verwendet wird (RW § 96).

Das Wort "Prominente(r)" heißt *vedette* oder *célébrité,* und nicht *personnage éminent* ("hervorragender Mensch"). Möglich ist allenfalls*: gens célèbres.*

(11-12) Ohne dass man die Schüler zur Zeitung hingeführt hat: Das Verb "(jemanden zu etwas) hinführen" heißt *conduire* oder *amener quelqu'un vers / à quelque chose* und nicht *diriger vers.*

Der modalen Konjunktion "ohne dass" entspricht im Französischen die Konjunktion *sans que,* die den *subjonctif* (hier *subjonctif passé*) auslöst (RW §§ 216, 349): *Sans que l'on ait conduit / amené les élèves vers le journal,* ... Da dieser Nebensatz dem Hauptsatz vorausgeht, wird ein Komma unmittelbar danach gesetzt (RW § 13.2).

(12-13) werden sie auf diesem Weg gleich wieder von ihr weggeführt: Die Wendung "auf diesem Weg" wird hier nicht in wörtlicher (*sur ce chemin*), sondern in übertragener Bedeutung gebraucht: *par cette voie, de cette façon* oder *par là même.*

Das Verb "wegführen" wird im Französischen durch *éloigner* oder *détourner* übersetzt, d.h. durch Verben, die mit direktem Objekt und *de*-Objekt verbunden werden (RW § 294). Statt *de lui* ("von ihr") wird das Pronominaladverb *en* (RW § 134.2) verwendet, weil *en* Sachergänzungen ersetzt, die durch *de* eingeleitet werden: *ils en sont par là même tout de suite détournés / éloignés.*

Statt dieses Passivsatzes kann eine aktivische Konstruktion mit unpersönlichem *on* als Subjekt stehen (RW § 231, KK § 307), weil der Handelnde nicht genannt wird: *on les en éloigne / détourne par là même tout aussitôt.*

(13-14) Die Zeitung wird zum Steigbügelhalter für andere Medien degradiert: Das zusammengesetzte Wort "Steigbügelhalter" ist hier nicht wörtlich, sondern im übertragenen Sinne zu verstehen, und wird im Französischen durch *soutien occulte* umschrieben.

Das Verb "degradieren" wird im Französischen nicht automatisch durch *dégrader* übersetzt, was im Deutschen "beschädigen" ("Gebäude"), "degradieren" ("Offiziere") oder "zerstören" ("Umwelt") heißt. Hier ist das Verb "degradieren zu" im Sinne von "herabwürdigen" zu verstehen, und wird im Französischen durch *rabaisser / déclasser au rang de* wiedergegeben.

Die Präpositionalgruppe "für andere Medien" wird entweder durch *pour d'autres médias* oder durch einen einfachen Genitiv (*soutien occulte d'autres médias*) ausgedrückt. Man beachte die Rechtschreibung von *média(s)* ("Medien").

(14-15) Ähnlich verhält es sich mit der Aufforderung: Für die Wiedergabe von "ähnlich verhält es sich mit ..." wird im Französischen ein idiomatischer Ausdruck verwendet: *il en va / est de même pour ...* Alle anderen Wendungen wirken eher schwerfällig.

(15-16) witzige oder skurrile SMS-Grüße zu verschicken: Das Adjektiv "witzig" hat viele Entsprechungen im Französischen: *spirituel* ("geistreich"), *drôle / amusant* ("lustig") oder *rigolo(te),* wobei Letzteres der Umgangssprache angehört. "Skurril" heißt *bizarre, cocasse* oder *loufoque.* Alle diese Adjektive werden nachgestellt.

Die neudeutsche Wortzusammensetzung "SMS-Grüße" muss im Französischen unbedingt umschrieben werden. "Grüße" heißt *salutations,* und "SMS" *le texto* oder *le mini-message.* Der Bindestrich stellt die Verbindung zum Medium her, durch das die Grüße verschickt werden, und wird im Französischen durch die Präposition *par* ersetzt (RW § 331.4).

Siehe Anmerkung (5-6) über die Wiedergabe des Nullartikels im Französischen (RW § 35.1): *expédier / envoyer **par** textos / mini-messages **des** salutations drôles ou loufoques.*

(16-17) die dann in der Tageszeitung veröffentlicht werden: Hier wird "Tageszeitung" durch *presse,* und nicht *quotidien* übersetzt, weil es nicht um eine bestimmte Tageszeitung, sondern um die Tagespresse geht.

Die Verbform "veröffentlicht werden" in Verbindung mit dem Adverb "dann" (*ensuite* oder *par la suite,* nicht *puis*) kann im Französischen mit dem Präsens (RW § 194.2) oder dem Futur I (RW § 204) wiedergegeben werden. Zu beachten ist, dass das Französische hier präziser in der Wiedergabe des Tempus ist als das Deutsche. Deshalb werden im Französischen oftmals Vorgänge, die sich in der Zukunft abspielen, ins Futur gesetzt, auch wenn im Deutschen das Präsens steht. Dies gilt vor allem für die Schriftsprache.

Relativsätze werden durch Kommas abgetrennt, wenn sie nicht zum Verständnis des Beziehungswortes notwendig sind, sondern eine zusätzliche Information geben (RW § 143). Dieser Relativsatz ist entbehrlich, da die Bedeutung des Hauptsatzes auch ohne ihn die gleiche wäre. Daher muss ein Komma vor dem Relativsatz stehen: *des salutations drôles ou loufoques, qui seront ensuite publiées dans la presse.*

(18-19) Kurzfristige kostenlose Abonnements von Tages- oder Wochenzeitungen: Siehe Anmerkung (2) zur Wiedergabe des fehlenden Artikels durch den bestimmten Artikel im Französischen: *Les abonnements.* Zur Wiedergabe der Präposition "von" im Zusammenhang mit dem Substantiv *abonnement* wird im Französischen kein Genitiv, sondern die Präposition *à* verwendet (siehe oben). Dabei muss *à* nach der Konjunktion *ou* vor jedem Satzteil wiederholt werden (RW § 336): *Les abonnements (...) à des quotidiens ou à des hebdomadaires.*

Das Adjektiv "kurzfristig" kann hier mit *temporaire, limité, de courte durée* oder *à durée limitée* ("für kurze Zeit") wiedergegeben werden, und nicht durch *à court terme* ("Wettervorhersage, Vertrag"). Diese Adjektive und Umschreibungen stehen nach dem Substantiv *abonnements* und werden mit *et* verbunden (RW § 170.1): *Les abonnements limités et gratuits à des quotidiens ou à des hebdomadaires.*

(19-20) sind ein weiterer Versuch, junge Leser zu werben: Das Substantiv "Versuch" wird hier mit *tentative* ("Bemühung"), nicht mit *essai* ("Test") oder *expérience* ("Experiment") übersetzt. Um den Finalsatz anzuschließen, wird entweder *de* oder *pour* nach dem Substantiv *tentative* verwendet.

Das Adjektiv *jeune* steht fast immer vor dem Substantiv (RW § 165.1). Da dieses Adjektiv mit einem Konsonanten beginnt und dem im Plural stehenden Substantiv (*lecteurs*) vorausgeht, wird die Reduktionsform des unbestimmten Artikels *des* gebraucht (RW § 31.1): *de jeunes lecteurs.*

Das Verb "werben" wird hier durch *gagner* oder *conquérir* ausgedrückt, nicht durch *recruter* ("jemanden für eine Partei (an)werben, einziehen"), *démarcher* ("Kunden per Telefon werben"). Möglich ist auch folgende Umschreibung für "junge Leser werben": *trouver des abonnés parmi les jeunes lecteurs.*

Durch die Umstellung des Subjekts kann der ganze Satz umgeschrieben werden: *Autre tentative pour gagner de jeunes lecteurs : les abonnements limités et gratuits à des quotidiens ou à des hebdomadaires.*

(20-21) Kinder und Jugendliche, die nicht bereits eine Zeitung lesen: Siehe Anmerkung (2) zum verallgemeinernden Gebrauch des bestimmten Artikels im Französischen: *Les enfants et les adolescents / jeunes / jeunes gens ...*

Erscheint im Aussagesatz das direkte Objekt mit dem unbestimmten Artikel (*ils lisent déjà un journal*), so steht im verneinten Satz die Reduktionsform des unbestimmten Artikels *des*, also *de* (RW § 42.1).

Zum fehlenden Komma bei einem einschränkenden Relativsatz (RW § 13.2) siehe Anmerkung (5-6) *Les enfants et les adolescents qui ne lisent pas déjà de journal.*

(21-22) lernen in den wenigen Tagen zu viele Fakten und Begriffe: Die Präposition "in" wird durch *pendant* oder *durant* (und nicht *dans*) (KK § 236) übersetzt. Auch möglich ist *en l'espace de* (RW § 324).

Der Ausdruck "die wenigen Tage" wird im Französischen durch *les quelques jours* wiedergegeben (RW §§ 75.2, 310.4). *Le peu de* ist nur in wenigen Redewendungen gebräuchlich: *le peu de personnes, de choses* ("die paar Menschen, Dinge"). Die Zeitangabe "in den wenigen Tagen" heißt nicht *en peu de jours*, was dem Deutschen "in wenigen Tagen" entspricht. Wo im Deutschen anstelle des bestimmten Artikels "den" der Demonstrativbegleiter "diesen" stehen könnte, wird vor *quelques* das Demonstrativadjektiv *ces* verwendet, um auf etwas zu verweisen, das unmittelbar vorher im Text erwähnt wurde (RW §§ 48.1, 49, Confais § 344): *pendant ces quelques jours.*

Für das Wort "Begriff" gibt es mehrere Entsprechungen im Französischen: *terme, concept, notion.*

(22) die sie einfach nicht verstehen können: Dieser Relativsatz kann im Französischen durch einen einschränkenden Relativsatz oder besser durch einen Konsekutivsatz wiedergegeben werden. Die konjunktionalen Ausdrücke *à tel point que* oder *si bien que*, die diesen Konsekutivsatz einleiten (RW § 346), lösen den Indikativ aus (Confais § 357). Man beachte, dass vor der Konjunktion *si bien que* ("so dass") ein Komma stehen muss, sonst hat sie die Bedeutung von "so gut, dass" (KK § 356.1): *... apprennent en l'espace de ces quelques jours trop de faits et de concepts, si bien qu'ils ne peuvent tout simplement pas les comprendre ...*

(23) weil das Hintergrundwissen fehlt: Das Wort "Wissen" heißt *le savoir* oder *les connaissances*. Das zusammengesetzte Wort "Hintergrundwissen" wird durch *connaissances générales* übersetzt, und nicht durch *connaissances de fond*. Möglich ist allenfalls: *connaissances de base.*

Das Verb "fehlen" wird hier durch das Verb *manquer à quelqu'un* wiedergegeben (KK § 189.8), das mit dem neutralen Subjektpronomen *il* als grammatisches Subjekt verwendet wird. Das logische Subjekt (*connaissances générales*) erscheint nach dem Prädikat. Während sich im Deutschen das Prädikat im Numerus nach dem logischen Subjekt richtet, stimmt es im Französischen mit dem grammatischen Subjekt überein (RW § 127.3): *il leur manque les connaissances générales.*

(23-24) Da sie in dieser kurzen Zeit erleben, dass die Zeitung unverständlich ist: Die begründende Verknüpfung "da" kann hier durch *comme* oder *puisque* (RW § 344) wiedergegeben werden, wobei die Konjunktion *comme* immer am Satzanfang steht. Die beiordnende Konjunktion *car* entspricht dem Deutschen "denn" (RW § 341) und wäre hier falsch.

Die Zeitangabe "in dieser Zeit" wird im Französischen durch den adverbialen Ausdruck *pendant ce temps-là* oder *dans ce laps de temps* ("in diesem Zeitraum") wiedergegeben. Wird sie durch das Adjektiv "kurz" näher bestimmt, so besteht keine Wahlmöglichkeit im Ausdruck mehr: *pendant ce court laps de temps* (und nicht *pendant ce court / bref temps* oder *pendant ce petit moment*).

"Erleben" wird üblicherweise mit *vivre* oder *faire l'expérience* übersetzt. Diese Verben lassen sich aber schwer mit einem Nebensatz kombinieren, so dass beispielsweise *voir* oder *se rendre compte* eher in Betracht kommen.

Zum Gebrauch des Demonstrativbegleiters siehe Anmerkung (21-22): *ce journal.*

Das Adjektiv "unverständlich" heißt *incompréhensible* oder *inintelligible*. Die beiden Übersetzungen unterscheiden sich nur um Nuancen: *incompréhensible* ist etwas, wenn es dem menschlichen Verstand im Allgemeinen nicht zugänglich ist, während etwas unverständlich im Sinne von *inintelligible* ist, wenn es schlecht für den Empfänger aufbereitet oder ausgedrückt ist. Der Text liefert Argumente für die Verwendung sowohl des einen als auch des anderen Adjektivs. Möglich ist auch: *... qu'ils ont du mal à comprendre ce journal.*

(24-25) werden sie später kaum zu einer greifen: Für die Wiedergabe des Verbs "zu etwas greifen" stehen *prendre quelque chose* oder *avoir recours à quelque chose* ("benutzen") zur Verfügung. Der verbale Ausdruck *prendre en main* passt nicht in den Kontext, weil er wörtlich "etwas in die Hand nehmen" und im übertragenen Sinne "etwas in Angriff nehmen" bedeutet. Das Verb *se saisir de* ("nach etwas greifen") wäre hier auch falsch.

Je nachdem, wie das Verb "greifen" ins Französische übertragen wird, ändert sich die Übersetzung von "zu einer": In Verbindung mit *prendre* wird das Pronominaladverb *en* partitiv gebraucht (RW § 134.3, KK § 106.3): *en prendre un*. Mit dem Verb *avoir recours* ersetzt das Pronominaladverb *y* (RW § 135.2) das mit *à* eingeleitete Objektpronomen: *y avoir recours*.

Das Adverb "kaum" im Sinne von "fast gar nicht, so gut wie nicht" wird im Französischen durch die Verneinungselemente *ne ... guère* (RW § 312.1) wiedergegeben, die das Verb umschließen.

Das Adverb "später" heißt *plus tard* oder *par la suite*, und nicht *ensuite*.

Zum Gebrauch des Futur I siehe Anmerkung (16-17): *ils n'en prendront guère un par la suite / ils n'y auront guère recours plus tard*.

Text Nr. 15

Deutschland, Frankreich, Großbritannien:
Ein „europäisches Direktorium[1]"?

Die Treffen der Regierungschefs aus Deutschland, Frankreich und Großbritannien scheinen nicht allen Mitgliedstaaten der EU zu gefallen. Einige befürchten, dass die großen Drei ein "europäisches Direktorium" entstehen
5 lassen.
Anlässlich des letzten Treffens der Drei am 18. Februar 2004 in Berlin haben Italien, Portugal und Spanien diese Art von Zusammenkunft ganz offen kritisiert (...) So sagte der portugiesische Premierminister Barroso, sein
10 Land könne nicht akzeptieren, dass ein Trio „die Mahlzeit serviert und anschließend die anderen fragt, ob es ihnen geschmeckt habe". In ähnlicher Tonlage erklärte der italienische Außenminister Frattini: „Europa muss sich durch die Beteiligung aller Mitgliedstaaten entwickeln, nicht
15 durch bestimmte Gruppen, die für die anderen entscheiden." Allerdings kann diese Unzufriedenheit einiger Mitgliedstaaten nicht verallgemeinert werden.
Aber jene Staaten, die besonders kritisch auf solche Treffen reagieren, sollten sich nicht noch weiter aufregen,
20 zumal der luxemburgische Premierminister Juncker (...) erklärte, dass der Dreiergipfel vom 18. Februar „ein sehr nützliches Treffen im Hinblick auf den Europäischen Rat im März" darstelle, und er nicht wünsche, dass „die Idee eines europäischen Direktoriums jemandem unterstellt[2]
25 werde". Tatsächlich ist wenig wahrscheinlich, dass das deutsch-französische Paar, erweitert um Großbritannien, in der Lage ist, ein „europäisches Direktorium" zu bilden, solange die Meinungsunterschiede zwischen ihnen so groß sind.

F.A.Z. (18.02.2004)

[1] das Direktorium: *le directoire*
[2] jdm. etwas unterstellen: *imputer qc à qn*

Text Nr. 15   **Lösungsvorschlag**

Allemagne, France, Grande-Bretagne :
un «directoire européen» ?

Les rencontres des dirigeants allemands, français et britanniques[1] semblent ne pas plaire[2] à tous les États membres de l'Union européenne. Certains[3] (d'entre eux) craignent que les Trois grands (ne) forment[4] un «direc-
5 toire européen».

Lors[5] de la dernière rencontre trilatérale[6] à Berlin le 18 février 2004, l'Italie, le Portugal et l'Espagne ont très ouvertement critiqué ce type[7] de réunion (...). Ainsi, le Premier ministre portugais Barroso a dit que son pays ne
10 pouvait (pas) accepter qu'un trio «serve le repas et demande ensuite[8] aux autres s'il leur a plu». Dans une tonalité semblable[9], le ministre des Affaires étrangères italien Frattini a déclaré : «L'Europe doit se développer avec la participation de tous les États membres, non
15 (pas) par certains groupes qui décident pour tous les autres». Toutefois[10], ce mécontentement qu'éprouvent quelques États membres ne peut (pas) être généralisé.

Mais ces États qui réagissent de façon particulièrement critique à de telles rencontres[11] ne devraient pas
20 s'émouvoir davantage, d'autant (plus) que le Premier ministre du Luxembourg, Juncker,[12] a déclaré que le sommet trilatéral[13] du 18 février constituait (selon lui) «une rencontre très utile en vue[14] du Conseil européen de mars», et qu'il ne souhaitait[15] «imputer cette idée de di-
25 rectoire à personne». En effet, il est peu probable que le couple franco-allemand, rejoint par la Grande-Bretagne[16], puisse[17] constituer un «directoire européen» tant que les points de divergence entre eux sont aussi nombreux[18].

F.A.Z. (18.02.2004)

Varianten

[1] des chefs de gouvernement d'Allemagne, de France et de Grande-Bretagne / des chefs du gouvernement de l'Allemagne, de la France et de la Grande-Bretagne
[2] convenir
[3] Quelques-uns
[4] créent
[5] A l'occasion
[6] des trois États
[7] ce genre / cette sorte
[8] pour finir
[9] Sur / D'un ton semblable
[10] Néanmoins
[11] qui sont particulièrement critiques à l'égard de ce genre de rencontres
[12] d'autant plus que le Premier ministre luxembourgeois, Juncker,
[13] le sommet à trois
[14] dans la perspective
[15] et qu'il ne désirait
[16] élargi à la Grande-Bretagne
[17] soit en mesure de
[18] aussi longtemps que les divergences d'opinion sont aussi grandes entre eux

Anmerkungen

Cet article tiré du journal *Frankfurter Allgemeine Zeitung* évoque le conflit qui a opposé en 2004 un «directoire» formé par la Grande-Bretagne, l'Allemagne et la France aux autres pays européens. C'est donc l'occasion d'apprendre des mots et expressions qui relèvent de la politique : titres des acteurs de la vie politique, noms des institutions européennes par exemple.

Mis à part la traduction des mots composés, ce texte ne présente pas de difficultés particulières. Il faudra toutefois respecter la juxtaposition de discours direct et de discours indirect, qui a lieu parfois au sein d'une même phrase. L'emploi des majuscules sera aussi abordé.

Komposition: Großbritannien (Z. 2, 26), Regierungschefs (Z. 1), Mitgliedstaaten (Z. 3-4, 16-17), Premierminister (Z. 9, 20), Außenminister (Z. 13), Dreiergipfel (Z. 21), deutsch-französisch (Z. 26), Meinungsunterschiede (Z. 28).

Adjektive: europäisch (Z. 4), letzt (Z. 6), portugiesisch (Z. 9), ähnlich (Z. 12), italienisch (Z. 12-13), bestimmt (Z. 15), luxemburgisch (Z. 20), nützlich (Z. 22), wahrscheinlich (Z. 25), groß (Z. 29).

Passivsätze: kann ... nicht verallgemeinert werden (Z. 16-17), unterstellt werde (Z. 24-25).

Indirekte Rede: könne (Z. 10), geschmeckt habe (Z. 12), darstelle (Z. 23), wünsche (Z. 23), unterstellt werde (Z. 24-25).

Deutschland, Frankreich, Großbritannien: Wie im Deutschen fehlt der Artikel im Französischen vor Substantiven, die in Zeitungsüberschriften stehen (RW § 37.3): *Allemagne, France, Grande-Bretagne.* Man beachte den Bindestrich zwischen *Grande* und *Bretagne*, wie auch bei anderen Ländernamen: *la Nouvelle-Guinée, la Nouvelle-Zélande, la Côte-d'Ivoire.*

(1-2) Die Treffen der Regierungschefs aus Deutschland, Frankreich und Großbritannien: Im Französischen können, wie im Deutschen, Verben substantiviert werden, jedoch geschieht dies in viel geringerem Umfang als im Deutschen: Das substantivierte Verb "Treffen" kann nur mit *rencontre* wiedergegeben werden.

Das zusammengesetzte Wort "Regierungschef" wird im Französischen unterschiedlich übersetzt, je nachdem, ob es ohne Ergänzung (*il est chef de gouvernement*) oder mit Ergänzung (*le chef du gouvernement italien*) steht (RW §§ 44.1, 44.2). Einfacher ist der Gebrauch von *dirigeant.*

Die Präposition "aus" kann durch *de* mit oder ohne Artikel ausgedrückt werden. Ohne Artikel dient diese Präposition zur Angabe der Herkunft (RW § 329.3): *d'Allemagne, de France et de Grande-Bretagne.* Nicht *venant de l'Allemagne.* Mit Artikel wird sie zur Wiedergabe eines Genitivs gebraucht: *chef du gouvernement de l'Allemagne, de la France et de la Grande-Bretagne.* Vor jedem aufgezählten Substantiv muss auf jeden Fall die Präposition *de* wiederholt werden. Einfacher ist der Gebrauch des Adjektivs: *des dirigeants allemands, français et britanniques.*

(2-3) scheinen nicht allen Mitgliedstaaten der EU zu gefallen: Das Verb "gefallen" wird mit den Verben *plaire* oder *convenir* übersetzt, die beide ein ihnen zugeordnetes Objekt nur als indirektes Objekt mit *à* anschließen können.

164

Das zusammengesetzte Wort "Mitgliedstaat" wird im Französischen mit einem Kompositum gebildet, das aus zwei Substantiven besteht, die ohne Bindestrich miteinander verbunden werden. Beide Wortteile werden in den Plural gesetzt: *tous les États membres*.

Man beachte die Großschreibung von *État* im Sinne von "Staat" (RW § 12.2). Im Sinne von "Zustand" wird es klein geschrieben: *état*.

Die Abkürzung "EU" kann im Französischen auch mit UE übersetzt werden. Die Wendung *l'Union européenne* ist allerdings wesentlich geläufiger.

Nach dem Modalverb *sembler* kann ein Infinitivsatz ohne Präposition verwendet werden (RW § 257.1): *Les rencontres des dirigeants allemands, français et britanniques semblent ne pas plaire / convenir ...* Alternativ kann man das unpersönliche Verb *il semble* benutzen, das einen *que*-Satz mit *subjonctif* anschließt (RW § 212.2): *Il semble que les rencontres des dirigeants allemands, français et britanniques ne plaisent / conviennent pas à tous les États membres de l'Union européenne.*

(3) Einige: Zur Bezeichnung einer ausgewählten Gruppe von Personen kann hier das Indefinitpronomen *quelques-uns* (und nicht das Adjektiv *quelques*) (RW § 76.2) oder das Pronomen *certains* gebraucht werden (RW § 83.2). Will man die Idee "einige von ihnen" deutlicher zum Ausdruck bringen, kann man das Pronomen *certains* auch im Französischen durch ein Personalpronomen ergänzen. Der Anschluss dieses Pronomens erfolgt durch die Präposition *d'entre* (Confais § 315): *certains **d'entre** eux*. Nicht *certains d'eux* oder *certains entre eux*:

(3-5) befürchten, dass die großen Drei ... entstehen lassen: Wie im Deutschen ist es auch im Französischen grundsätzlich möglich, Zahlwörter elliptisch und substantivisch zu gebrauchen, wenn es sich um eine Nummer handelt: *le trois* (die Drei, z.B. für die Buslinie 3) (KK § 97.4). Andernfalls ist es notwendig, das Zahlwort um ein Substantiv zu ergänzen: "ich habe die drei im Garten gesehen ..." *J'ai vu les trois garçons dans le jardin*. Auch ein substantivierbares Adjektiv kann ein Zahlwort ergänzen. Solche Ergänzungen stehen immer nach dem Zahlwort: *les Trois grands*.

Die verbale Konstruktion "entstehen lassen" ist ins Französische nicht wörtlich übertragbar, kann also weder durch *laissent naître* ("zulassen"), noch durch *fassent naître* ("veranlassen") wiedergegeben werden. Im Französischen gibt es Verben, bei denen im Gegensatz zum Deutschen "lassen" Bestandteil der Verbbedeutung ist und daher die Konstruktion mit *faire* nicht verwendet wird (RW § 138.6). Hier bleibt "lassen" am besten unausgedrückt (RW § 264.4). Um möglichst nah am deutschen Text zu bleiben, muss der ganze Ausdruck umschrieben und die Verben *former* oder *constituer* gebraucht werden.

Das Verb "befürchten" wird im Französischen mit den Verben *craindre* oder *redouter* übersetzt, die den *subjonctif* auslösen (RW § 210.1). In einem bejahten Satz kann nach diesen Verben ein überzähliges *ne* (*ne explétif*) erscheinen, ohne dass dies verneinende Wirkung hat (RW §§ 210.1, 321.4): *craignent que les Trois grands (ne) forment un "directoire européen".*

(6-7) Anlässlich des letzten Treffens der Drei am 18. Februar 2004 in Berlin: Die Präposition "anlässlich" kann mit *à l'occasion de* (RW § 324), *lors de* ("bei") oder *au cours de* ("im Laufe von") wiedergegeben werden.

Zum substantivischen Gebrauch des Zahlworts "Drei" siehe Anmerkung (3-5). Auch hier kann *Trois* nicht allein stehen und muss mit dem Substantiv *État* ergänzt werden: *la dernière rencontre des trois États*. Auch möglich ist der Gebrauch des Adjektivs *trilatéral*: *la dernière rencontre trilatérale*.

Das Französische verwendet beim Datum – im Gegensatz zum Deutschen – die Grundzahlen. Nur für den Ersten des Monats steht die Ordnungszahl. Will man in der Schriftsprache Ziffern anstelle eines Zahlwortes schreiben, wird nach der Zahl kein Punkt gesetzt (RW § 100.2). Hinzu kommt, dass Wochentage mit dem bestimmten Artikel stehen, wenn man sich auf einen Tag bezieht, der im Kalender fixiert ist (RW § 41.2): *le 18 février 2004*.

Enthält der Satz mehrere adverbiale Bestimmungen, so steht in der Regel Orts- vor Zeitangabe (RW § 351.4). Diese längere adverbiale Bestimmung, die den Satz einleitet, wird durch ein Komma abgetrennt (RW § 13.2): *Lors de la dernière rencontre trilatérale à Berlin le 18 février 2004, ...*

(7-8) haben Italien, Portugal und Spanien diese Art von Zusammenkunft ganz offen kritisiert: Ländernamen stehen im Allgemeinen mit Artikel, wenn sie in Subjektfunktion erscheinen (RW § 40.1): *l'Italie, le Portugal et l'Espagne*.

Man beachte die Verwendung des substantivierten Verbs "Treffen" und des Substantivs "Zusammenkunft" im selben Satz, d.h. auch im Französischen müssen zwei verschiedene Wörter gefunden werden, zum Beispiel *réunion* für das Substantiv "Zusammenkunft".

In der Redewendung "diese Art von" bezeichnet das Wort "Art" nicht die Weise (also nicht *façon* oder *manière*), sondern den Typus (*genre, type, sorte*): *ce genre / ce type / cette sorte de réunion*.

Das Adverb "offen" heißt im Französischen *ouvertement* ("unverhohlen, in aller Öffentlichkeit") und nicht *franchement* ("ehrlich").

(8-9) So sagte der portugiesische Premierminister Barroso: Im Deutschen erfüllt ein unbetontes "so" am Satzanfang oft die Funktion einer Satzverknüpfung. Die französische Entsprechung ist das Adverb *ainsi* oder der adverbiale Ausdruck *c'est ainsi que*, wobei *c'est ... que* hier nicht als Hervorhebung empfunden wird (Confais § 359, KK § 410).

Das zusammengesetzte Wort "Premierminister" als Titel wird im Französischen mit *Premier ministre* (RW § 12.2) wiedergegeben, wobei man auf den großen Anfangsbuchstaben bei *Premier* achten muss.

Adjektive wie "portugiesisch", die Nationalitäten bezeichnen, werden klein geschrieben und immer nachgestellt (RW 167, KK § 82): *le Premier ministre portugais Barroso*. Auch möglich ist, das Adjektiv *portugais* durch eine Fügung aus Präposition und Substantiv zu ersetzen (RW § 171.1): *le Premier ministre **du Portugal**, Barroso ...*

Verben, die eine in der Vergangenheit abgeschlossene Handlung bezeichnen, stehen in Zeitungsartikeln nicht im *passé simple*, sondern im *passé composé* (RW § 198.2): *a dit le Premier ministre ...* Das *passé simple* bleibt den eher literarischen Texten vorbehalten.

(9-10) sein Land könne nicht akzeptieren: Auffällig ist bei dieser indirekten Aussage, dass die Konjunktion "dass" fehlt. Diese Konstruktion kann im Französischen nicht wörtlich wiedergegeben werden, weil nach Verben des Sagens und Denkens ein Objektsatz erforderlich ist, der durch die Konjunktion *que* eingeleitet wird und nicht durch ein Komma vom Hauptsatz abgetrennt werden darf.

Bei der Umsetzung von der direkten in die indirekte Rede ist folgende Regel der Zeitenfolge zu beachten: Im Objektsatz wird *imparfait* verwendet, weil das einleitende Verb "sagte" in der Vergangenheit steht (RW § 372).

Vor den Modalverben *oser, cesser, pouvoir* und *savoir* kann die Verneinung auch durch das Verneinungselement *ne* allein ausgedrückt werden. Falls *pas* verwendet wird, folgt es unmittelbar auf das konjugierte Verb (RW § 315.1): *a dit que son pays ne pouvait (pas) accepter que ...*

(10-11) dass ein Trio „die Mahlzeit serviert und anschließend die anderen fragt": Im Unterschied zum Verb "fragen", dem sein Objekt ohne Präposition ("die anderen") folgt, wird im Französischen die befragte Person als Dativobjekt mit der Präposition *à* an das Verb *demander* angeschlossen (RW § 296.4): *demander aux autres*.

Nach dem Verb der Willensäußerung *accepter* ("akzeptieren") steht im *que*-Satz der Konjunktiv (RW § 210.1). Auf ein Tempus der Vergangenheit im Hauptsatz folgt nur in der gehobenen Schriftsprache der *subjonctif imparfait* im Nebensatz (RW § 218.2). Im normalen Sprachgebrauch sollte man den *subjonctif présent* verwenden: *qu'un trio «serve le repas et demande ensuite aux autres»*.

Für die Wiedergabe des Adverbs "anschließend" stehen im Französischen *immédiatement après, ensuite* oder *pour finir* zur Verfügung.

(12) „ob es ihnen geschmeckt habe": Man beachte folgende Regel der Zeitenfolge: Steht bei der indirekten Frage das Verb des Hauptsatzes im Präsens ("fragt"), so steht im untergeordneten Satz dasselbe Tempus wie in der direkten Rede, hier also das *passé composé* (RW § 370.1). Dies steht im Gegensatz zur deutschen Sprache, die in dieser indirekten Frage den Konjunktiv I erfordert.

Das unpersönliche Verb "schmecken" hat im Französischen keine Entsprechung und kann mit Wendungen wie *trouver que c'est bon* oder (im Sinne von "gefallen") *plaire à quelqu'un* umschrieben werden: *«s'ils ont trouvé que c'était bon / si cela leur a plu»*. Einfacher und eleganter ist es, den ganzen Ausdruck auf die "Mahlzeit" (*le repas*) zu beziehen: *«s'il leur a plu / s'il était bon»*.

(12) In ähnlicher Tonlage: Im Französischen wird das Adjektiv "ähnlich" durch *semblable* und nicht durch *identique, pareil* oder *même* wiedergegeben.

Je nachdem, wie man das Substantiv "Tonlage" übersetzt, wird die Präposition "in" unterschiedlich ins Französische übertragen: es ist zwischen **dans** *une tonalité* + Adjektiv oder **d'un** */* **sur** *un ton* + Adjektiv (RW § 307.2) zu wählen. Nach dieser adverbialen Bestimmung wird ein Komma gesetzt, weil sie am Satzanfang steht (RW § 13.2): *Sur / D'un ton semblable,* ...

(12-13) erklärte der italienische Außenminister Frattini: Das Verb "erklären" kann mit *déclarer* ("sagen, sich äußern") oder *expliquer* ("erläutern") übersetzt werden. Zum Kontext passt das Verb *déclarer* hier am besten.

Das zusammengesetzte Wort "Außenminister" heißt im Französischen *ministre des Affaires étrangères*. Man beachte, dass nur *Affaires* groß geschrieben wird (RW § 12.2). Die Adjektive, die in Verbindung mit den Namen öffentlicher Ämter verwendet werden, werden klein geschrieben, wie z.B. *ministre de l'Éducation nationale*.

Das Adjektiv "italienisch" kann hier nicht durch eine Fügung aus Präposition und Substantiv (*d'Italie*) wiedergegeben werden, weil auf das Substantiv *ministre* bereits eine Ergänzung folgt (*des Affaires étrangères*). Das Adjektiv *italien* wird zwischen Substantiv und Ergänzung eingeschoben: *le ministre **italien** des Affaires étrangères*.

(13-15) „Europa muss sich ... entwickeln": Das reflexive Verb "sich entwickeln" heißt im Französischen *se développer* ("sich entfalten") und auch *évoluer* ("vorankommen"). Aus dem Kontext lässt sich keine der beiden Bedeutungen ausschließen.

Vor Namen von Kontinenten steht der bestimmte Artikel (RW § 40.1), wenn diese in Subjektfunktion erscheinen: *«L'Europe doit se développer / évoluer ...»*.

(13-15) „durch die Beteiligung ..., nicht durch bestimmte Gruppen": Das erste "durch" kann mit der Präposition *par* wiedergegeben werden, welche ein abstraktes Mittel ("die Beteiligung") bezeichnet (KK § 252). Auch möglich ist *avec*.

Das zweite "durch" steht vor einer Nominalgruppe ("bestimmte Gruppen"), die einem Urheber gleichkommt (RW § 331.4), und wird deshalb ausschließlich mit *par* übersetzt.

Wenn das Adjektiv "bestimmt" im Sinne von "gewiss" gebraucht wird, wird es mit dem Adjektiv *certain* übersetzt, das vor dem Substantiv steht (RW §§ 83, 169): *par certains groupes*. Man beachte das Genus von *groupe*.

Das Verneinungselement *ne* entfällt in Richtigstellungen; dabei kann *pas* durch *non* verstärkt werden (KK § 295): *«(non) pas par certains groupes»*.

(16) Allerdings: Dieses Adverb bezeichnet eine Einschränkung und wird im Sinne von "jedoch" mit *néanmoins, toutefois* übersetzt. Nur im Sinne von "in der Tat" heißt es *en effet*.

Anders als im Deutschen wird im Französischen ein Komma nach einem einleitenden Adverb gesetzt (RW § 13.2): *Toutefois / Néanmoins,* ...

(16-17) diese Unzufriedenheit einiger Mitgliedstaaten: Für die Übersetzung von "Unzufriedenheit" stehen zwei französische Substantive zur Verfügung. Hier passt *mécontentement* im Sinne von "Ärger" besser zum Kontext als *insatisfaction*.

Der Genitiv "einiger Mitgliedstaaten" kann zwar durch die Präposition *de* ausgedrückt werden (*ce mécontentement de quelques États membres*). Die Nominalgruppe kann jedoch auch durch einen Relativsatz ergänzt werden: *ce mécontentement qu'éprouvent / que ressentent quelques États membres.*

(16-17) kann ... nicht verallgemeinert werden: In diesem passivischen Satz wird der Handelnde nicht genannt, so dass "verallgemeinert werden" auch durch eine aktive Konstruktion mit unpersönlichem *on* als Subjekt ersetzt werden kann (RW § 231).

Zur Auslassung des Verneinungselements *pas* mit dem Verb *pouvoir* siehe Anmerkung (9-10): *... ne peut (pas) être généralisé / on ne peut (pas) généraliser* ...

(18-19) Aber jene Staaten, die besonders kritisch auf solche Treffen reagieren Das Adverb *critiquement* existiert nicht! Es gibt jedoch eine Möglichkeit, dieses fehlende Adverb durch eine adverbiale Umschreibung zu ersetzen, nämlich durch *de façon / manière* + Adjektiv (RW § 307.2): *de façon / manière particulièrement critique*. Auch möglich ist der verbale Ausdruck *être particulièrement critique à l'égard de*.

Das Demonstrativpronomen "solch" kann im Französischen durch das adjektivische Indefinitpronomen *tel, telle* übersetzt werden, das nur nach einem unbestimmten Artikel steht. Vor dem Indefinitpronomen im Plural (*tels, telles*) steht *de*, die Reduktionsform des unbestimmten Artikels (RW § 84.1): *à de telles rencontres*. Allenfalls: *à ce genre de rencontres*.

Das Demonstrativpronomen "jene(r, s)" in Verbindung mit dem Relativpronomen "der" leitet einen einschränkenden Relativsatz ein, der für das Verständnis des Hauptsatzes unbedingt erforderlich ist. Deshalb wird er im Französischen nicht durch ein Komma vom Hauptsatz abgetrennt (RW § 143.1): *Mais ces États qui réagissent de façon / manière particulièrement critique à de telles rencontres* ...

(19) sollten sich nicht noch weiter aufregen: Wenn das Modalverb "sollen" im Konjunktiv II ("sollte") steht, bedeutet es so viel wie "müsste eigentlich", was einer Empfehlung oder einem Ratschlag gleichkommt. In diesem Fall wird es im Französischen durch den Konditional von *devoir* ausgedrückt (RW § 264.7).

Das Verb *s'énerver* ("sich aufregen") wird negativ bewertet. Daher sollte man ein anderes Verb, wie z.B. *s'émouvoir* bevorzugen. Das Verb *s'exciter*, das der Umgangssprache angehört, ist hier unangebracht.

Dem deutschen Adverb "weiter" entspricht kein französisches Adverb. Es muss in Zusammensetzung mit Verben verbal umschrieben werden, etwa mit *continuer à / de s'émouvoir* (RW § 307.5). Die Kombination "nicht noch weiter" + Verb wird jedoch nicht mit *ne plus continuer à / de* + Verb übersetzt, sondern mit Verb + *ne pas davantage*: *ne devraient pas s'émouvoir davantage*. Eine kürzere Alternative bietet die Wendung *s'arrêter de* + Verb: *devraient s'arrêter de s'émouvoir*.

(20-21) zumal der luxemburgische Premierminister Juncker ... erklärte, dass: Die kausale Konjunktion "zumal" ("besonders weil, vor allem da") heißt im Französischen *d'autant (plus) que* (RW § 344). Diese zusammengesetzte Konjunktion löst den Indikativ aus (Confais §§ 138, 360).

Alle Herrscher- und Ortsnamen, die auf "-burg" enden, werden im Französischen mit der Endung *-bourg* gebildet: Straßburg → Strasbourg, Salzburg → Salzbourg, Habsburg → Habsbourg. Während Ländernamen (*le Luxembourg*) groß geschrieben werden, werden adjektivisch gebrauchte Nationalitätsbezeichnungen (*luxembourgeois*) klein geschrieben. Zur Wiedergabe von "der luxemburgische Premierminister" mit *le Premier ministre du Luxembourg* siehe Anmerkung (8-9).

Das Verb "erklären" sollte hier durch *déclarer* übersetzt werden. Siehe Anmerkung (12-13).

(21) der Dreiergipfel vom 18. Februar: Das zusammengesetzte Wort "Dreiergipfel" kann im Französischen entweder durch ein Kompositum aus Substantiv, Präposition und Zahlwort (*sommet à trois*) oder durch eine Nominalgruppe aus Substantiv und Adjektiv (*sommet trilatéral*) wiedergegeben werden.

Zum bestimmten Artikel, der vor Wochentagen steht, siehe Anmerkung (6-7): *le sommet trilatéral du 18 février*.

(22-23) „im Hinblick auf den Europäischen Rat im März": Die Redewendung "im Hinblick auf" wird hier durch Zusammensetzungen wie *dans la perspective de* oder *en vue de* ausgedrückt (RW § 324).

Obwohl im Deutschen "Europäischer Rat" mit einem Großbuchstaben am Anfang jedes Wortes geschrieben wird, wird im Französischen nur der Anfangsbuchstabe von *Conseil* in der Nominalgruppe *Conseil européen* groß geschrieben.

Monatsnamen geht oft *le mois de* voraus (RW § 41.3). Sie werden immer klein geschrieben. In diesem Fall wird die Zeitangabe durch die Präposition *à* eingeleitet, also: *au mois de mars*. Alternativ kann *mars* auch mit der Präposition *en* stehen (RW § 330.2): *en mars*.

(23) darstelle und er nicht wünsche, dass: Zum Ausdruck der Gegenwart wird in der indirekten Rede im Nebensatz *imparfait* gebraucht, da das einleitende Verb des Sagens in der Vergangenheit (*a déclaré*) steht (RW § 371). Um die Umsetzung von der direkten in die indirekte Rede zu verdeutlichen, kann man auch *selon lui* hinzufügen.

Zur fehlenden Konjunktion "dass" siehe Anmerkung (9-10): Im Französischen muss die Konjunktion *que* nach der Konjunktion *et* ("und") unbedingt wiederholt werden. Vor der Konjunktion *et* muss zudem ein Komma gesetzt werden, um beide Satzteile voneinander abzutrennen: *constituait (...), et qu'il ne souhaitait pas que ...* Vor *que* allein ("dass") steht nie ein Komma!

(24-26) dass „die Idee ... jemandem unterstellt werde": Der *subjonctif* der Willensäußerung steht in *que*-Sätzen nach persönlichen Verben, die einen Wunsch ausdrücken, selbst wenn diese Verben verneint werden ("nicht wünsche, dass ...").

Das Pronomen "jemand" in Verbindung mit "nicht" heißt *ne ... personne*, und nicht *ne ... pas quelqu'un* (RW § 312).

Zur Wiedergabe des Passivs siehe Anmerkung (16-17): *que «l'idée ... ne soit imputée à personne»* oder *qu'on «n'impute l'idée ... à personne»*.

(25) Tatsächlich: Dieses Adverb kann im Französischen mit *vraiment, réellement, effectivement, en fait, en effet* übersetzt werden. Wird es jedoch vorangestellt, so sind *effectivement, en effet* oder *en fait* passender. Nach diesem Adverb wird ein Komma gesetzt, weil es am Satzanfang steht (RW § 13.2): *En effet, ...*

(25-26) das deutsch-französische Paar, erweitert um Großbritannien: Das zusammengesetzte Adjektiv "deutsch-französisch" wird im Französischen durch ein zusammengesetztes Adjektiv mit einem auf -*o* endenden Bestandteil wiedergegeben (RW § 162): *le couple franco-allemand*. Andere Beispiele: *le pacte germano-soviétique, une coiffure afro-américaine*.

Das Partizip Perfekt "erweitert" in Verbindung mit der Präposition "um" wird hier im übertragenen Sinn gebraucht und mit Partizipien wie *élargi à* oder *rejoint par* übersetzt (und nicht mit *agrandi* oder *étendu à*, die sich ausschließlich auf Raum oder Fläche beziehen). Dieser Partizipialsatz wird zwischen Kommas gesetzt: *le couple franco-allemand, élargi à / rejoint par la Grande-Bretagne, ...*

(25-27) ist wenig wahrscheinlich, dass ... in der Lage ist: Der verbale Ausdruck "in der Lage sein" wird im Sinne von "imstande sein" durch *pouvoir, être en mesure de* oder *être à même de* wiedergegeben (Confais § 200).

Nach dem unpersönlichen Ausdruck *il est probable que* steht der Indikativ. Wenn dieser Ausdruck verneint oder eingeschränkt wird, erhält er einen zweifelnden Charakter und löst den *subjonctif* aus (RW § 212.3): *il est peu probable que ... puisse / soit en mesure de / soit à même de ...*

(28-29) solange die Meinungsunterschiede zwischen ihnen so groß sind: Die temporale Konjunktion "solange" heißt im Französischen *tant que* oder *aussi longtemps que* und löst den Indikativ aus (RW § 343).

Bei Adjektiven und Adverbien stehen zum Ausdruck eines hohen Grades die Vergleichsadverbien *si* und *aussi* ("so") (Confais §§ 350, 352). Steht "so" vor einem Verb oder einem Substantiv, wird es mit *tant* oder *autant* übersetzt.

Je nachdem, wie das Substantiv "Meinungsunterschied" wiedergegeben wird, ändert sich die Übersetzung des Adjektivs "groß": *tant que les points de divergence entre eux sont aussi nombreux / tant que les divergences d'opinions sont aussi grandes entre eux.*

Wort- und Sachregister

176

zumal 171   zumindest 120, 145   zweimal 76

Quellenangaben

Texte

1. Aus Sibylle BERG: *Das Unerfreuliche zuerst. Herrengeschichten*, © 2001 by Kiepenheuer & Witsch, Köln, Seite 43.

2. Aus Heinrich BÖLL: *Und sagte kein einziges Wort*, © 1953, 1995, 1997 by Verlag Kiepenheuer & Witsch, Köln. DTV, München, 15. Auflage 1998, Seite 13.

3. Aus Christoph HEIN: *Der fremde Freund* © 1982 by Aufbau-Verlag, Berlin und Weimar. Sammlung Luchterhand, 1989, Seiten 106-107.

4. Aus Christoph HEIN: *Der fremde Freund* © 1982 by Aufbau-Verlag, Berlin und Weimar. Sammlung Luchterhand, 1989, Seiten 108-109.

5. Aus Christoph HEIN: *Willenbrock* © 2000 by Suhrkamp Verlag Frankfurt am Main, Seiten 18-19.

6. Aus Daniel KEHLMANN: *Ich und Kaminski* © 2003 by Suhrkamp Verlag Frankfurt am Main, Seite 73.

7. Aus Christine NÖSTLINGER: *Andreas oder Die unteren sieben Achtel des Eisbergs* © 1978, 1992 by Beltz Verlag Weinheim und Basel, Seiten 132-140.

8. Aus Luise RINSER: *Ein Bündel weißer Narzissen*, © 1956 by S. Fischer Verlag GmbH, Frankfurt am Main. Fischer Taschenbuch Verlag GmbH, 1975, Seite 167.

9. Aus Anne BENDER / Dagmar KALINKE (Hrg.): *Liebe – was denn sonst?!* © 1994 by DTV, München, Seiten 53-55.

10. Aus Peter SCHNEIDER: *Lenz – Eine Erzählung*, © 1992 by Rotbuch Verlag, Hamburg, Seiten 83 84.

Grammatiken

- CONFAIS, Jean-Paul: *Grammaire explicative*. München: Hueber, 1997. (Im Text abgekürzt als CONFAIS)

- FUCHS, Volker: *Taschenlexikon der französischen Grammatik*. Tübingen: UTB, 2001.

- KLEIN, Hans-Wilhelm / KLEINEIDAM; Hartmut: *Grammatik des heutigen Französisch*. Stuttgart: Klett, 1983. (Im Text abgekürzt als KK)

- REUMUTH, Wolfgang / WINKELMANN, Otto: *Praktische Grammatik der französischen Sprache*. Wilhemsfeld: Egert Verlag, 2005. (Im Text abgekürzt als RW)

Wörterbücher

- *Deutsches Universalwörterbuch*. Mannheim: Dudenverlag, 1989

- *Wörterbuch Deutsch als Fremdsprache*. Berlin: De Gruyter, 2000.

- Pons. *Großwörterbuch für Experten und Universität deutsch-französisch / französisch-deutsch*. Stuttgart: Klett-Verlag, 1999.

- *Le Nouveau Petit Robert*. Paris: Dictionnaires Le Robert, 1993.

- *Dictionnaire des difficultés de la langue française*. Paris: Larousse, 1988.

- BLUMENTHAL, Peter. *Sprachvergleich deutsch-französisch*. Tübingen: Niemeyer, 1997. (Im Text abgekürzt als BLUMENTHAL)

- SOLTANY, Khaty / KLEFFEL, *Angelika: Französisch für Besserwisser*. Stuttgart: Schmetterling Verlag, 2000.

Abkürzungen

Adj.	Adjektiv
Adv.	Adverb
adv.	adverbial
Art.	Artikel
best.	bestimmt
etw.	etwas
fakult.	fakultativ
Funkt.	Funktion
Gebr.	Gebrauch
gebr.	gebraucht
imparf.	*imparfait*
Indefinitpron.	Indefinitpronomen
Inf.	Infinitiv
jdm.	jemandem
jdn.	jemanden
kirchl.	kirchlich
Konj. II	Konjunktiv II
Konjunkt.	Konjunktion
Konstr.	Konstruktion
Mengenausdr.	Mengenausdruck
Part.	Partizip
Perf.	Perfekt
Possessivadj.	Possessivadjektiv
Präp.	Präposition
Präs.	Präsens
prés.	*présent*
Pron.	Pronomen
qc	*quelque chose*
qn	*quelqu'un*
Reflexivkonstr.	Reflexivkonstruktion
s.	siehe
Subst.	Substantiv
unbest.	unbestimmt
unpers.	unpersönlich
Verbind.	Verbindung
vern.	verneint
Wiederg.	Wiedergabe
( )	In runden Klammern stehen Ergänzungen oder Quellenangaben.